為耕者謀利
為食者造福

聶振邦
二〇一〇年二月

领导视察

国家粮食局局长聂振邦视察济南粮食工作

中国粮食行业协会会长白美清视察济南粮食工作

国务院原特区办主任、中国商业文化研究会顾问胡平视察金德利快餐店

在山东省委常委、副省长王军民陪同下，国家商务部副部长姜增伟视察金德利工作

山东省委常委、副省长王军民、济南市委副书记、市长张建国视察金德利工作

济南市委副书记、市长张建国陪同全省流通工作会议代表视察金德利工作

济南市副市长赵文朝、山东省粮食局局长孟庆秀视察金德利产品展示活动

山东省粮食局局长孟庆秀及驻济部队领导共同出席山东省暨济南市粮食局“粮油科技进军营活动”启动仪式

国家粮食局研究员丁声俊及“济南粮食流通产业改革与发展论坛”与会代表视察金德利快餐店

济南市粮食局党委书记、局长李会宝向“全国发展大众化餐饮现场经验交流会”与会领导介绍济南粮食工作情况

“全国发展大众化餐饮现场经验交流会”与会领导参观金德利食品展示活动

济南市粮食局党委书记、局长李会宝视察金德利节日食品生产工作

济南市粮食局党委书记、局长李会宝视察金德利新店开业

山东金德利集团公司党委书记、董事长赵康陪同济南市粮食局党委书记、局长李会宝查看金德利中心厨房产品质量

济南市粮食局党委书记、局长李会宝到金德利承办的第十一届全运会媒体村食品生产车间检查指导工作

会议交流及业务培训

“全国发展大众化餐饮现场经验交流会”在济南召开

“济南粮食流通产业改革与发展论坛”会场

2009年山东省暨济南市粮食科技活动周启动仪式

金德利集团公司举行“ISO22000食品安全管理体系”培训班

金德利集团公司烹饪与管理大专班开学典礼

金德利技术人员为部队官兵讲解金德利食品加工技能知识

金德利员工踊跃为灾区人民捐款

金德利店经理培训班

金德利店经理知识竞赛

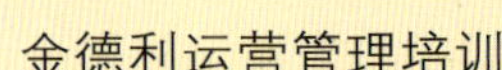

金德利运营管理培训

金德利原材料采购竞标会

金德利公司在中国粮食行业协会小麦分会2009年年会上举行食品展示活动

新店开业

山东金德利集团公司隆重成立

金德利精品店“金德逸品”
乐源大街店隆重开业

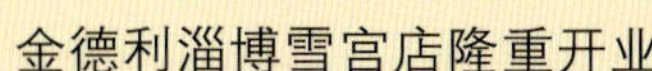

金德利淄博雪宫店隆重开业

金德利禹城店隆重开业

金德利北京护国寺店

金德利聊城店开业大吉

金德利快餐店就餐环境

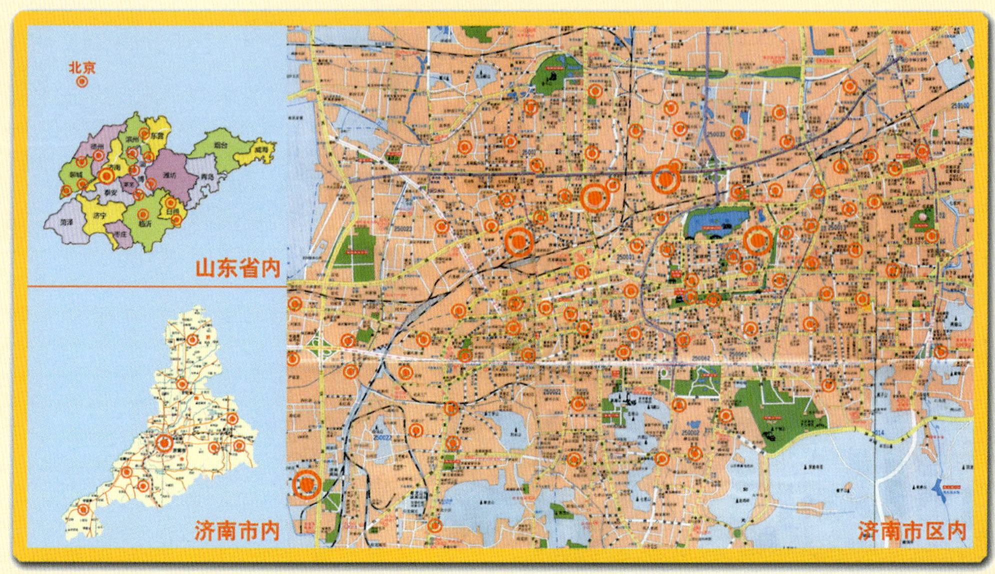

金德利快餐店部分网点分布示意图

优质服务

①金德利员工着装
②金德利员工送餐服务
③金德利员工班前服务培训
④金德利为第十一届全运会媒体村餐厅服务人员集体合影
⑤金德利物流配送服务车

先进的技术设备

①金德利面食生产线

②金德利烤制品车间

③金德利月饼生产车间

④金德利糕点生产车间

⑤金德利面食生产车间

企业荣誉

全国绿色餐饮企业
中国烹饪协会
全国餐饮绿色消费工程组委会
No.53100158

山东金德利集团快餐连锁有限责任公司
金德利月饼
Top Ten Branding Moon Cake
China Hotel Association
2006中国饭店业十佳品牌月饼
Top Ten Branding Moon Cake of China Hotel Industry2006
注册号：Registration No：BMC200704
发证日期：Date of Issue：2007/5
中国饭店协会
China Hotel Association

2007年度消费者信赖的
十大质量品牌
特此确认！

山东省二00四年度服务业
先进单位
山东省人民政府
二00五年

金德利牌速冻面点
安全放心品牌
济南市食品工业协会
济南市消费者协会
二00六年元月

第二届全国饭店系统服务技能比赛
团体赛金奖
全国饭店系统服务技能比赛组委会
二00七年十二月

中国快餐十佳品牌企业
中国烹饪协会
二00六年十月

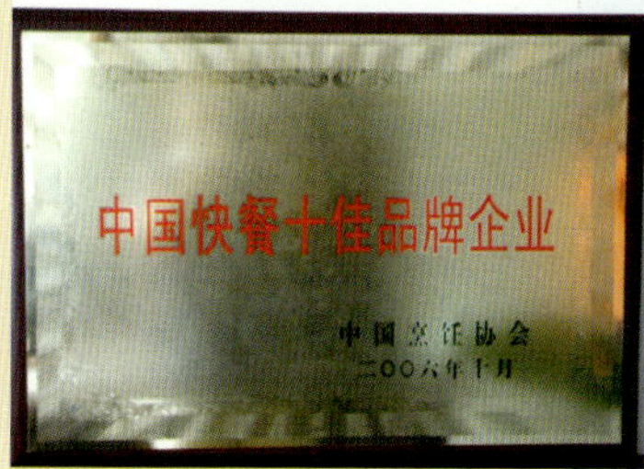

丰富的产品

金德利发展战略研究

李会宝　著

中国农业出版社

前　言

改革开放以来，随着我国经济、社会的发展和人们生活水平的不断提高，中式快餐经历了孕育、探索、成长的发展阶段，走过了30年的风雨历程。进入20世纪80年代，面对肯德基、麦当劳等洋快餐的冲击，中式快餐在继承和发扬中华五千年餐饮文化的同时，运用现代科技手段，借鉴国际餐饮企业经营模式，实现了快速发展。

中式快餐经营业态，已由初期的摆摊设点和单一经营早餐，逐步向满足人们一日三餐的大众化餐饮、团膳、送餐、小吃城和休闲慢餐等多业态经营转变。经营方式也由原来的前店后厂式，逐步转变为由中央厨房集中研发、生产、配送和委托加工配送，由初期的单店经营实现了连锁化、规模化、集团化经营，涌现出了一大批具有较强实力和较高知名度的中式快餐品牌企业。目前，我国餐饮业已经形成了正餐、快餐和火锅三足鼎立的态势。据统计，自1991年以来，我国餐饮营业额连续17年保持了两位数的高速增长，2007年达到12 352亿元，是1978年的225倍，快餐营业额占到了1/3。在全国餐饮业大发展的过程中，中式快餐迎来了其快速发展的黄金期。

金德利是中式快餐企业的一个缩影，其前身是人们熟悉的粮油供应店。20世纪90年代初，伴随着我国粮食市场的放开，粮油供应店陷入困境，生产经营难以为继。面对困难和挑战，济南粮食人不等不靠，立足本业，发挥优势，积极探索，趟出了一条食品快餐经营的发展之路。2006年开始的以资源整合、规范化经营为主要内容的企业体制、机制改革，更为金德利的发展注入了新的生机活力，金德利开始走出济南，快速扩张，呈现出蓬勃发展之势。

当前，我国经济、社会已进入了一个新的历史时期，金德利面临着新的机遇和挑战。如何保持良好的发展态势，实现健康、持续、快速发展，已成为其当务之急。研究并制定系统、科学、全面、可操作性强的发展战略，对于金德利的做大、做强、做久具有十分重要的意义。

本书在对金德利发展历程进行回顾总结的基础上，通过对其内外部环境分析，找出影响其发展的关键因素，按照战略管理的要求，结合我国快餐市场的发展实际，在学习和借鉴国内外快餐企业成功经验的基础上，提出了其发展战略，并围绕如何实现这一战略，制定了具有针对性的战略措施，以期对其科学发展有所帮助，对中式快餐理论的探索与研究有所贡献。

序　言

勤学　善思　力行

——读李会宝局长的《金德利发展战略研究》

国家粮食局研究员　丁声俊

济南市粮食局长李会宝同志多次表示，要我为他的《金德利发展战略研究》一书写篇序言。我表示，很愿意拜读大作，但写序言就免了，我不够格。2010年1月，李局长趁来京开会之机，带来了他的书稿，再次要求我为其专著写序。我这次应命接受了嘱托。其原因很简单：一则出于盛情难却；二则出于应尽义务。我多次到济南调研，受益匪浅。

对照济南市粮食流通产业的今昔巨变，品读《金德利发展战略研究》一书，我的感受是：本书是作者“勤学、善思、力行”结出的硕果，地方的粮食工作领导者，或许从中可以受到有益启发和借鉴。

勤学。提到“学”字，古哲人“学而时习之”的名言立即浮现于脑海。我以为，学习是一种时代责任感，是人生不可或缺的精神追求，也是一种生活方式。有一句名言道：“饭可以不吃，觉可以不睡，书却不可以不读。”“吾生也有涯，而知也无涯”，求知无止境。时代在前进，社会在发展，知识在不断更新，人的学习永无穷尽。以粮食这个古老的话题来说，就是“年年岁岁花相似，岁岁年年花不同”。粮食流通从传统计划经济时代过渡到市场经济时代，就产生了诸如流通体制、流通机制、流通成分、流通渠道、流通形式的根本转变；也提出了发展主食快餐业和主食工业化生产方式的重大问题。层出不穷的问题或课题，需要从理论和实践的结合上加以研究和解决。这就提出了勤学的客观需求。济南市粮食局长李会宝站在时代的高度，不断加强学习的自觉性和实用性，既把书本当作无言的“老师”；又把实践当作广阔的“课堂”。他以多读书、读好书、学以致用为乐。在读书中，他把“专和博”结合起来。一般而言，读书是多多益善。然而，书籍浩如烟海，一个人不可能读尽所有的书。李会宝局长注意选读那些与自己工作关系密切与兴趣最浓厚的书。同时，他又迈开双腿，带着粮食流通改革发展的问题走到实际当中，调查新情况、了解新矛盾、研究新问题，求教于民，群策群力。例如，他不满足金德利集团公司已取得的业绩，而是深入了解其存在的问题和差距，包括与民生新需求的差距，与国外先进水平的差距，与现代市场经济发展的差距等，以及为消除差距必须采取的改革举措及发展的路径。勤奋的学习，深入的考察，为研究金德利快餐集团的发展战略、乃至中国主食快餐业积累了丰富的资料，打下了深厚的基础。

善思。提到“思”字，古哲人“学而不思则罔，思而不学则殆”的名言也立即涌上心头。思考，是学习学习到深化，是有所收获的关键，是学习继续升华的必须，也是优化学习效果的方法。有两句古语说："博观约取"和"好学深思"。"好学"就是"勤学"，"深思"也即"善思"。只有"勤学"，才能"博观"；只有"善思"，才能"约取"。人们常说的深思或善思，就是把书读活、追根究底的过程，即所谓"把长书读短、把厚书读薄"，吸其营养、取其精华的功夫。只有开动脑筋，缜密思考，才能质疑解惑、思而后得，由感性到理性、由低级到高级，完成认识的升华。即把积累的知识转化为思想理念，把学习的成果内化为核心价值观念，把学到的理论实化到工作与生活的实践中。李会宝局长在调查研究、掌握大量第一手材料的基础上，深思熟虑，凝练出确保济南市粮食安全的"八大体系"的总体思路，即：构建以四大粮库为龙头，县（市）区收储企业及骨干粮所为网点的粮食购销储备体系，以民天集团为龙头的粮食加工生产体系，以金德利集团为龙头的粮食供应体系，以及构建执法体系，质量检测体系，粮食应急体系，军供保障体系，信息发布体系和社会粮食统计体系。实践证明，这条发展思路既体现以人为本的科学发展观的核心，又体现科学发展观的第一要义，还切合济南市粮食流通产业的实际。如今这一总体思路，已经开拓出济南市粮食流通产业的广阔出路。

力行。这是勤学和善思之目的。正确的学习，必须做到"知行合一"。学习贵有所"得"，所谓"得"，包括多个方面。诸如"学以养心"、"学以修身"、"学以温故"、"学以知新"、"学以致用"、"学以兴业"、"学以治国"，等等。人们在学习中得到的知识并不完全等同能力，也不完全等同思想，必须经过刻苦实践的过程，把知识和实践结合起来。“纸上得来终觉浅，绝知此事要躬行”，只有把知识转化为内在的人格力量和升华为认知结构，才能使人生插上金色的翅膀，使事业铸造辉煌。李会宝局长和他的团队真抓实干，把敢创敢试之勇，强化为开拓进取之能，创新思路、创新体制、创新机制，持续推动科学发展。李会宝局长身体力行，勇于实践，把他集思广益、深思熟虑提出的金德利发展战略，实化为扎扎实实的行动，开创出国有粮食企业改革、创新和发展的济南模式。全市粮食企业，坚持以民为本，以安为先；面向市场，整合资源；转换机制，强化监管；联合制胜，有效发展，开创出“柳暗花明又一村”的生机勃勃的局面。从 1992 年到 2009 年的 10 余年间，全市粮食零售网点由 80 个增加到 310 个；网点营业面积由 24 000 平方米扩大到 48 200 平方米；粮食加工业总产值由 1.9 亿元增加到 4.75 亿元；总仓容由 43.62 万吨增加到 86.50 万吨，做到“手中有粮，心里不慌”。与此同时，济南市粮食龙头企业还为“三农”带来巨大经济社会效益。真是沧桑巨变，生机强健：粮食机构变精干、职工素质提高了；国有粮食企业市场主渠道加强、作用更大了；对城乡居民供应和服务质量改善、更受欢迎了；粮食供应和城乡民生有充分保障、更加安全了。

古今中外的大学者，无不是“立足于勤、持之以韧、精深于思、致力于行”的忘我学习的不倦者和探索者。“勤读加勤写”，是一个有效的学习方法。通过动手写，把“用目读”和“用脑思”二者有机结合起来。前者，从读书中获得了新知识，对新知识经过思考形成新理念，为写作的准确性、鲜明性和深刻性打下了基础；后者，通过写作可有效地把“阅读和思考”统一起来，有力地深化读书和学习。正所谓“旧学商量加邃密，新知培养转深沉”。有知识照耀的人生是光辉的，有先进价值观指引的道路是宽广的。

“腹有诗书气自华”。李会宝局长多年如一日，学而不倦，深入实践，笔耕不歇，成果不断。他勤读勤写、勤看勤研、聚沙成塔、片段成篇、多篇成书。《金德利发展战略研究》就是作者系统研究的一个成果。本书选题与深化粮食流通改革和创新发展现代粮食流通产业关系密切，具有重要现实性和学术性。开拓发展主食快餐业，在我国还是一个新行业。本书在研究国内外快餐业发展的基础上，对发展主食快餐业从理论结合实际的基础上进行了系统阐述。其理念新颖，立意前瞻，勇于探索，不仅对济南市、而且对全国发展主食快餐业，都具有一定启发性和借鉴性，不失为一个新贡献。当然，粮改在深化，粮业在发展，研究还要继续，思维和思路也会不断创新。

在《金德利发展战略研究》付梓之际，写下以上的话语，作为读李会宝局长这本专著的拙见。是为序。

2010年1月28日

于北京粮科大厦

目　录

第1章 引　　言

1.1 问题的提出

金德利发展战略研究，是在对金德利集团快餐连锁公司进行深入调查研究的基础上，根据公司的发展趋势和发展要求，围绕公司长远发展目标和发展模式，研究制定发展战略，并对如何实现其战略目标提出切实可行的保障措施，目的是探索金德利快速、健康、可持续发展之路。

1.2 选题的背景和意义

1.2.1 选题的背景

金德利集团快餐连锁公司经过多年的发展，形成了一定的规模和独特的经营模式。但其仍然面临着如何进一步做大做强，如何选择其发展战略、确保长远发展的问题。确定战略目标和发展模式，已成为企业亟需解决的课题。同时，企业与国内外知名快餐企业集团相比，还有较大差距，在体制、机制、管控、标准化、品牌、加盟连锁、企业文化建设等方面还需进一步健全和完善。如果不尽快研究制定企业的发展战略以解决这些问题，将直接影响企业的快速、健康、可持续发展。

1.2.2 选题的理论意义

目前国内引导和指导快餐发展的理论才刚刚起步，随着快餐业的快速发展，呈现出快餐业发展实践快于理论研究的现状。许多中式快餐企业主要是学习、模仿和借鉴洋快餐的一些做法，理论研究和理论创新不够，致使中式快餐在产品标准化、生产工业化、经营连锁化、管理科学化等方面与洋快餐存在较大差距，影响了中式快餐的发展速度。根植于中国餐饮文化的中式快餐，应该有其自身的发展规律和生产、经营、管理理论。金德利集团快餐连锁公司作为快餐业的后起之秀，被外界称为城市快餐业发展的济南模式，倍受社会和全国同行业的关注。研究和制定金德利集团快餐连锁公司的发展战略，利用现代企业管理理论和发展战略理论，分析研究金德利等中式快餐业的发展趋势，形成具有中国特色的快餐发展模式，不仅对金德利集团快餐连锁公司的快速发展具有理论指导意义，而且对于中式快餐的发展来说，也是一项积极而有益的理论探讨。

1.2.3 选题的现实意义

目前，中国快餐的消费市场与供应市场已基本形成。在一些大中型城市、旅游城市和经济较发达地区，快餐已成为出差、旅游等流动人口和工薪阶层、学生以及人们在外活动就餐的重要选择。随着我国经济的高速发展，以及人民生活水平的不断提高，中国的快餐业必将有着广阔的发展前景。

金德利集团快餐连锁公司作为中式快餐连锁经营企业的代表之一，具有现代快餐业发展的基本特性。研究分析金德利集团的发展历程和发展趋势，探讨其发展战略，制定出具有可操作性的战略措施，不仅有利于其快速、健康、可持续发展，为其做大做强，创一流品牌，建百年快餐企业奠定基础，同时对于其他中式快餐企业的发展也具有借鉴意义。

1.3 文献综述

快餐是为消费者提供日常基本生活需求服务的大众化餐饮，其特点是制售快捷、食用方便、营养均衡、服务简便、价格低廉。现代快餐的特点是消费群体和消费价位的大众化，供餐方式的快捷、简便化，产品生产的标准化、工厂化，快餐食品的营养化，就餐环境的舒适化和经营模式的连锁化。

快餐是社会、经济、文化发展到一定阶段的产物。人们生活节奏的加快，职业妇女的增多，家庭规模的缩小及可自由支配收入的增加是促使快餐业产生并兴旺的主要原因。

在国外，快餐业发展时间比较长。1921年，美国 E. W. Ingram 在 Kansas 创建了第一家名为“白色城堡”的快餐店，20世纪60年代美式快餐开始向欧亚扩张，在世界上掀起了一股快餐业旋风。此后快餐业经过半个多世纪的发展到现在已趋于成熟，形成了麦当劳、肯德基等国际品牌，并从经营理念、网点选址、产品制作、规范化管理、连锁经营、人员培训到品牌建设等方面形成了比较系统的理论。目前国外品牌不断进入中国，国外快餐文化对中国餐饮文化的影响越来越大，并正在利用本土化的方式加快发展，国外快餐业发展理论正在对中式快餐的发展产生着越来越重要的影响。

中国快餐业起步较晚。1987年肯德基在北京开设了第一家分店，从而将现代快餐概念引入中国，此后麦当劳、必胜客、大快活等洋快餐纷纷登陆中国，并在短短十几年的时间内扩展到各大城市。在外来快餐的刺激下，国内快餐业迅速发展起来并成为中式快餐的一支生力军。调查显示，目前中国快餐业的发展尚处于借鉴、模仿和积累阶段，没有形成体系和规模，中式快餐行业还没有纵横全国的巨无霸形成，这正是巨大商机之所在。随着中式快餐消费市场和供应市场的基本形成，经营方式和服务领域不断拓宽，服务对象由流动人口和外来人口为主，向单位后勤与家庭厨房延伸，中式快餐发展的理论研究在不断加强。专家们从中西式快餐发展的历史过程入手，根据中西式快餐发展的现状进行对比研究，得出了一些适合中国国情，有利于推进中式快餐快速、健康、可持续发展的观点。一是中式快餐在我国有着广阔的发展前景和巨大的市场潜力。二是快餐连锁经营是现代快餐产业最具代表性的组织形式，是快餐业的发展方向，也是中式快餐发展的最主要模式。三是连锁经营企业发展中央厨房、配送中心的作用十分重要。四是直营连锁和加盟连锁的发展是战略伙伴关系，要结合推进并在发展中不断形成扎实有效的控制力。五是连锁经营特别是加盟连锁经营一定要达到双赢，要切实注意信誉建立、管理体系建设，只有自身做强、做优，企业才能持久。正如王大东所言："国内连锁经营的缺陷之一就是很多品牌只看重了眼前的利润，在还没有形成一套成功的模式之前就开始卖品牌，这是许多国内快餐品牌在与洋快餐叫板的过程中纷纷败下阵来的主要原因"。"只有在自己觉得能赚钱的地方，才可以授权别人做"。这是王大东的经验之谈。六是产品标准化是西式快餐能畅行天下的核心因素，这恰恰也是很多中式快餐品牌过早折戟沉沙，或者惨淡经营的致命软肋。同时标准化也是大规模、大批量工业化生产的前提。结合中国快餐饮食文化的特点，有人提出了适度标准化的理念，甚至有人提出了餐饮大批量定制以及中餐标准化与个性化生产的理论。虽然国内快餐业发展研究还处于起步阶段，没有形成具有主导作用的成熟理论体系，但是以上观点和理论的提出，是中外理论和实践相结合进行探索研究的结果，必将对中式快餐的发展起到有力地指导作用。

随着我国市场化改革发展的进一步深入，企业战略管理和科学决策在企业发展中的作用越来越重要，正如金占明教授指出的："如果您认为仅靠巨大的规模和强大的资源实力就能确保企业成就百世伟业，那么你很可能就会做出致命的错误决策。如果您认为仅搞好企业的产品开发，市场营销及财务管理等就可高枕无忧，那么您极有可能面临突如其来的灾难。"我国企业战略管理的研究和实践远远落后于西方发达国家，战略规划是所有企业的必修课，对于从事中式快餐的企业来讲尤其重要。因为中式快餐企业通常在开始时市场份额都不大，知名度和影响力也不够，而为了达到迅速扩大规模并进行良性发展的目标，就要求中式快餐企业必须一开始就制定出切实可行的发展战略，这比任何一项具体经营管理措施都重要。

本书按照建立现代企业制度的要求，围绕“创一流品牌，建百年老店”的目标，结合中式快餐的发展现状和特色，以中式快餐标准化和多样化发展理论为指导，通过对金德利集团快餐连锁公司发展历程、现状和发展趋势的研究和分析，制定出企业的发展战略。

1.4 研究方法

本书主要采取由实践到理论，再通过理论创新指导实践的科学研究方法。

1. 明确研究和制定金德利发展战略的背景、理论和现实意义。

2. 通过对金德利及相关企业实际的深入调查分析，掌握其发展的现状，分析影响其发展的主要问题和因素。

3. 利用理论联系实际的方法，对金德利发展的内外部环境进行分析，提出解决其问题的措施和方案，研究并制定其发展战略。

4. 通过研究和制定金德利发展战略，由点到面，从企业战略管理的角度，对中式快餐业发展理论进行探讨，并对中式快餐业的发展提出建议。

1.5 结构安排

第1章引言，主要是阐述本书研究课题的背景、意义、研究方法及目前中式快餐的动态。第2章行业分析，主要通过对国家宏观经济形势、快餐行业及快餐企业的分析，进一步明确国家促进快餐业发展的政策措施，了解快餐行业发展趋势以及洋快餐、中式快餐企业的发展趋势，进而明确快餐业发展的前景和未来。第3章金德利基本情况，通过对金德利集团快餐连锁公司发展历程和现状的介绍，明确研究制定其发展战略前提。第4章金德利SWOT分析，主要是对金德利集团公司具有的优势、劣势和面临的机遇挑战进行全面分析，使企业制定的发展战略更具有针对性。第5章制约金德利发展的主要因素，利用哈佛商学院波特教授提出的行业结构分析"五因素模型"，从潜在的进入者、替代品的威胁、购买者的讨价还价能力、供应商的讨价还价能力和现有竞争对手之间的抗衡等5个方面对金德利集团公司面临的外部环境因素进行了客观分析。从企业内部体制、机制、产品、管理、人力资源、经营模式、信息化、核心竞争力等方面对企业内部制约因素进行了全面分析。这是研究金德利发展战略，制定其战略需要解决的主要问题。第6章发展战略，按照制定企业发展战略的指导原则，制定战略目标、进行战略选择。第7章战略措施，围绕着公司的发展目标，从企业的体制改革、创新经营模式、强化物流配送、实施产品标准化、推进科学管理、强化品牌意识、强化人力资源管理、加强信息化建设、应对突发事件、壮大企业规模和加强企业文化建设等方面，详细制定实现企业发展战略的保障措施，确保企业沿着正确的方向加快发展，并形成具有金德利特色的发展模式。最后结论，通过对金德利发展战略的研究，不仅使金德利的发展方向进一步明确，形成和完善金德利快餐发展模式。同时也必将对中式快餐理论研究产生积极的影响，推进中式快餐业的快速健康发展。

第2章　行业分析

2.1　宏观经济政策分析

2.1.1　宏观经济分析

改革开放以来，我国经济的快速增长已经保持30年，国内生产总值年均增长9%以上，取得了举世瞩目的成绩。特别是2003年以来，国民经济保持了年均10%以上的增长速度，远远高于同期世界4.9%的平均水平。2007年，我国GDP增长速度达到了11.4%，是新中国成立以来增长较快、运行较稳、效益较好的年份之一。居民收入有了较大提高，人民生活有了新的改善。2003年以来，城镇居民人均可支配收入年均增长9.2%，2006年达到了11 759.5元，农民人均纯收入年均增长6.2%，2006年达到了3 587元。我国经济的快速发展和人们收入水平的提高，为餐饮业的发展奠定了坚实的基础。

1. 市场需求潜力巨大。我国13亿人口的物质生活消费仍处于较低水平。随着收入的增加，市场的潜在需求将逐步转变为有支付能力的现实需求，将会对经济增长产生持久不衰的拉动力量。目前我国城市化仍然明显低于世界平均水平和同等工业化水平的国家，未来将是城市化迅速扩张时期。按照1995年以来的平均进度，我国城市化水平2010年将超过50%，2020年将达到64%。这为餐饮业的发展提供了广阔的市场空间。

2. 居民储蓄率高，形成了巨大的潜在消费。中国人民有着勤劳节俭的传统美德，即使在收入水平较低的情况下，仍然把收入的一定比例用于储蓄，以备子女上学、养老、医疗等支出。我们国家的储蓄率长期保持在40%左右。高储蓄率一方面为我国的发展提供了资金支持，促进我国经济的持续增长；另一方面，随着我国社会保障体系的逐步健全和完善，社会潜在的消费需求将会逐步释放出来。

3. 技术进步将推动食品机械制造业的快速发展。改革开放以来，我国用上千亿美元引进了大批先进技术和设备，在产业技术上缩短了同国际先进水平的差距。同时，大量外资企业的进入，也带来了先进技术和设备。随着经济的发展，政府和企业已逐渐认识到，缺乏具有自主知识产权的技术，成为制约我国经济发展的主要瓶颈。增加技术开发投入，增强自主创新能力，是调整经济结构、转变经济增长方式的关键环节。在不久的将来，我国企业技术开发的能力将会增强，大量具有自主知识产权的技术的产生，将会支持产业结构优化升级和经济效益提高。特别是食品机械业将会迎来一个新的快速发展期。

4. 劳动力的快速流动为餐饮业发展提供了丰富的人力资源。2007 年末，全国就业人员 76 990 万人，比上年末增加 590 万人。其中城镇就业人员 29 350 万人，净增加 1 040 万人，新增加1 204 万人。随着我国工业化、城市化的不断推进，第一产业的劳动力将会继续向第二、三产业转移，为二、三产业的发展提供丰富的劳动力资源。劳动力资源向二、三产业转移，不仅为餐饮业的发展提供丰富的人力资源，同时也将成为餐饮业巨大的消费群体。

5. 对外开放的扩大有利于餐饮业更好地利用两个市场和两种资源。随着我国对外贸易和投资规模的不断扩大，以及同国际市场的联系日益紧密，我国可以在更大的范围内优化资源配置。一方面对外开放的扩大将有力地支撑我国经济的持续增长。另一方面有利于我国餐饮业更好地利用两个市场、两种资源，更好地扩大国内市场，不断地开拓国外市场，充分利用国内资源和国外资源，实现餐饮业的更好更快发展。

2.1.2　快餐产业政策分析

随着我国经济社会的快速发展，国家出台了一系列政策支持快餐服务业的发展。一是国务院出台了一系列文件支持服务业发展。国务院在《国民经济和社会发展第十一个五年规划纲要》确定的服务业发展总体方向和基本思路的基础上，专门制定了加快服务业发展的若干意见，如国发［2007］7 号文《国务院关于加快发展服务业的若干意见》、国办发［2008］11 号文《国务院办公厅关于加快发展服务业若干政策措施的实施意见》。这些意见从加强规划和产业政策引导、深化服务业改革、大力培育服务领域领军企业和知名品牌、加大服务业资金投入力度、优化服务业发展的政策环境等方面都做出了规定，必将推动我国服务业的快速发展。二是国家商务部发布了《商务部关于加快发展大众化餐饮工作的意见》（商改发［2007］358 号文），出台了《全国餐饮业发展规划纲要（2009—2013）》，对今后加快发展大众化餐饮业的重要意义、指导思想、工作目标、工作原则和工作重点提出了具体要求。提出将通过培育一批具有较大影响力的餐饮品牌，带动相关产品的开发与销售，带动餐饮业加快向标准化生产、规模化连锁经营、规范化管理的方向发展。并力争利用 3～5 年的时间，首先在大中城市逐步建成比较完备的大众化餐饮服务网络，初步形成以大众化餐饮为主的餐饮产业结构。大众化餐饮占全国餐饮市场的比重达到 80％，使总体发展水平与广大群众的餐饮消费需求相适应。三是为了促进餐饮业的发展，国家将于近两年制订 7 000 余个有关食品餐饮的安全标准，像目前制定的《早餐经营规范》、《餐饮企业经营规范》等等，通过标准的制定和实施促进餐饮业的规范发展。

2.2 快餐行业趋势分析

2.2.1 快餐行业发展现状

改革开放三十年，弹指一挥间，中国餐饮业作为改革开放中起步最早、发展最快、收效最大、市场化程度最高的行业之一，取得了举世瞩目的成就。2008 年上半年，我国餐饮零售额 7 207 亿元，同比增长 24%，占同期社会消费品零售总额的比重为 14.1%，拉动社会消费品零售总额增长 3.3 个百分点。2008 年实现营业额达 15 380 亿元，同比增长 24.5%；全国人均餐饮消费支出达到 1 158 元，同比增长 23.9%。餐饮消费已经成为拉动消费需求快速增长的重要力量。

据调查分析显示，目前我国快餐业营业额已经占到餐饮总额的 1/3，但仍处于发展阶段。其现状如下：

1. 市场潜力巨大。中国快餐企业仍以中小资本为主流，还不具备资金竞争优势，企业生命周期还比较短，中国快餐企业营业额还有巨大增长空间，快餐市场发展潜力巨大。

2. 模式还不完善。多数快餐企业的公司法人治理结构和现代企业制度建设很不健全；经营管理模式比较单一，不够完善。

3. 品牌影响力还比较小。中国快餐企业品牌主要是以区域化为主，管控能力差，可复制性不强。

4. 规模还不够大。多数快餐企业拥有的网点数量不超过 50 家，连锁仍以本地区为主，跨地区、跨省市经营的企业还不多。

5. 标准化、工业化水平还不高。快餐企业的研发创新能力不够，多数企业没有实现中央厨房加工配送或委托加工配送。

6. 人才问题是制约快餐企业发展的瓶颈。快餐企业人才缺乏和人力资本的严重不足，将成为今后很长一段时间内制约企业发展的突出问题。

2.2.2 部分城市快餐市场分析

1. 北京市快餐市场分析。2007 年，北京市住宿餐饮实现收入 248.6 亿元，同比增长了 12.1%，紧跟上海、广州之后。北京餐饮市场有与国际接轨前沿阵地的优势，百胜、麦当劳等国际餐饮品牌巨头都将北京视为发展重地；外来资本、技术和人才不断涌现，全聚德等本土餐饮实力不断壮大，提升了北京餐饮业整体竞争力。其主要特点是：

（1）汇集了国内外几乎所有的快餐品牌。北京作为我国的首都，经济迅速发展，2007 年全市人均 GDP 达到 56 044 元（按年平均汇率折合7 370美元），消费水平高，同时也是流动人口聚集的城市。目前北京市场汇集了肯德基、麦当劳等国外知名快餐企业，国内的真功夫、面点王、大娘水饺、丽华快餐等品牌快餐也都进入了北京市场。同时北京也形成了不少本地快餐品牌，像和合谷、金三元、老家肉饼、金白领、今日味等，而且还汇集了各地的风味小吃，像四川的小吃店就有上千家，王府井小吃一条街汇集了众多地方特色。可以说北京是国内快餐品牌最多的城市，也是快餐企业兵家必争之地。

（2）消费水平相对较高。目前北京人均每餐快餐消费基本在 20 元左右。如吉野家、和合谷、永和大王的米饭系列产品，单点的价格基本都在 15 元左右，而米饭套餐（加上小凉菜和汤等配餐）的价格则多在 20 元左右。其他快餐品牌的产品价格也大多集中于这一价格区间，洋快餐价位略比中式快餐高一点。与其他城市相比，消费水平相对较高。

（3）经营品种主要是以米饭套餐和面制品为主。北京市快餐业经营的主要品种是米饭套餐、自助火锅、带馅面食和面条类食品，这四大类食品也是消费者消费最多的中式快餐品种。

（4）基本实现了标准化生产，自助式服务，中西式快餐经营方式趋同。从北京市主要中式快餐品牌的生产经营情况来看，他们大都具有较完备的配送加工体系。各分店也采用标准化的生产加工方式，运用先进的机器设备和标准化的工艺流程，因而不需要专门的传统中餐厨师，普通人员经过简单培训后即可生产出合格的产品。这样既保证了菜品口味的统一稳定，又可以降低人力成本，减少对生产人员的依赖。同时，借鉴西式快餐的服务模式，大多采用柜台点餐、自行取餐的自助式服务方式，这样既进一步降低了人力成本，又简化了服务流程，便于集中资源做好关键产品的生产。这种生产经营模式代表了先进的生产力和社会经济发展要求，是今后相当长时间内中式快餐的发展方向。

2. 上海市快餐市场分析。据抽样调查，2007 年上海市居民家庭人均可支配收入 23 623 元，比上年增长 14.3%；农村居民家庭人均年可支配收入突破 1 万元，达到 10 222 元，增长 11%。全年城市居民人均消费支出 17 255 元，比上年增长 16.9%。据中国烹饪协会的行业市场调查分析显示，2007 年上海市餐饮业实现零售额 556.48 亿元，增长 23.1%。在餐饮业零售额超过百亿元的 17 个城市中，2005 年上海市第一次取代广州市维持多年的餐饮“霸主”地位，2006 年、2007 年再超广州，成为快餐业发展最快的城市。上海快餐业市场上目前是群英荟萃，其主要特点是：

（1）上海是国内外快餐品牌聚集比较集中的地方。不仅肯德基、麦当劳在上海市的繁华地段比比皆是，就连东南亚的一些快餐企业也纷纷进入了上海市场。

（2）休闲快餐成为上海市快餐业的一大特色。近年来，随着上海市对外开放程度的不断提高，进入上海市的商务人士不断增多，一些消费层次比较高、具有一定休闲功能的快餐企业发展非常快。

（3）依托大的购物中心形成的众多快餐品牌聚集的美食广场，成为上海的一大特色。有的十余家甚至几十家快餐企业同店经营，为消费者提供了更多选择空间。

(4) 上海本地快餐企业发展很快，占据了较大市场份额。像新亚大包、宝钢餐饮、上海世好餐饮、上海丰裕快餐等众多品牌，不仅占领了上海市场，而且已成为全国品牌连锁企业。

3. 广州市快餐市场分析。据有关资料显示，广州市餐饮行业2007年营业额达416亿，同比增长19.2%，而广州市的人均餐饮消费则达到4 100元，居全国各大城市之首。2007年广州市城镇居民人均可支配收入22 469元，不难算出在广州，人们荷包里1/5的钱都花在餐馆里。近几年广东省快餐企业发展很快，涌现出了面点王、真功夫等在全国具有较高知名度的快餐品牌企业。但在广州，快餐业与正餐相比，在规模和店面数量上还有较大差距，快餐发展潜力巨大。

4. 武汉市快餐市场分析。据有关资料显示，武汉市快餐业正在架构传统快餐、中西合璧快餐和洋快餐三足鼎立的新格局。目前，武汉全市注册登记的门店已达1.2万余个，从业人员20万人，已拥有500万人的消费群体，年消费总额达40亿元以上。调查显示，武汉成年人中每天都吃快餐的有6.1%，经常吃的多达63.1%，偶尔吃的也有26.3%，从来不吃的仅占4.5%。在快餐消费者中，18～25岁的青年人占48.2%，26～45岁的青壮年人占29%，46岁以上的中老年人也有22.8%。调查还显示，武汉市民仍以中式快餐消费为主，中式快餐占到市场份额的九成，主要是早餐(47.1%)和中餐(40.3%)，晚餐和消夜则欠旺。西式快餐主要在午餐(36.1%)和晚餐(36.8%)。

5. 山东省快餐市场分析。2007年，山东省实现国民生产总值25 887.7亿元，比上年增长14.3%，人均生产总值27 723元(按年均汇率折算为3 646美元)，增长13.5%。住宿餐饮业实现零售额1 095.9亿元，增长20.6%，拉动零售总额增长2.6个百分点。市场规模化程度提高，限额以上住宿餐饮企业单位数达到8 431

家，增长 59.6%。近年来山东餐饮业得到迅速发展，其主要特点是：

（1）以大众化餐饮为主，区域化经营明显。出现了像济南的金德利，青岛的新尚餐饮、万和春餐饮，烟台的蓝白，济宁的永源放心早餐等餐饮企业。

（2）标准化成为各企业发展的重头戏。多数快餐企业都建立了自己的配送中心，基本实现了原材料的统一采购、配送，都在产品和服务的标准化上下功夫。

（3）工业化发展迈出可喜步伐。像青岛小倩倩快餐食品有限公司自主研发馄饨制作设备解决了集中生产的问题。由于产品专一，且制作工艺相对简单，采用统一的机械设备控制实现了馄饨的标准化。

（4）对外扩张步伐加快。山东快餐企业经过多年的积累，已经具备了对外扩张的实力和能力，部分企业走出本地，开始了异地发展，规模不断壮大。

（5）快餐在餐饮总额中的比重快速提高。山东快餐业营业额已占到了全部餐饮营业额的半壁江山，并继续呈现快速发展的态势。

2.2.3 快餐行业发展趋势分析

经过三十年的积累沉淀，中式快餐业得到了茁壮成长，占据了中国餐饮市场近 1/3 的份额。随着快餐企业品牌影响力的不断提高和规模的不断壮大，中式快餐将会迎来新的黄金发展期，实现更好更快地发展。

1. 从快餐行业发展趋势看，主要呈现出以下主要特点：

（1）地区快餐企业开始进行跨地域发展。像真功夫、面点王、桂林人、丽华快餐等等，已逐步走出区域化经营，实现了跨区域发展。

（2）国际餐饮巨头向中式快餐领域扩张。一方面洋快餐大力推进产品中式化经营，另一方面开始发展本土化品牌，像百胜集团推出的“东方既白”。

（3）大型食品企业向中式快餐行业进军。像方便面大王顶新集团、速冻食品三全食品公司等等，都进入了快餐行业。

（4）国际投资基金的进入加速行业发展。国外一些投资公司通过参与国内快餐企业经营或是直接收购国内快餐企业，开始快速进入国内餐饮行业。

（5）大众化快餐仍是市场主流。随着城市化的发展和农村人口不断进入城市，扩大了大众化快餐的消费群体；人们生活水平的提高和工作节奏的加快促使更多的人离开厨房。通过大众化餐饮解决一日三餐仍将是国人日常餐饮的主要选择。

（6）人才问题成为快餐业发展的关键。目前，人才日益成为左右企业战略实现的关键因素。快餐业人才主要是通过企业的自我培养解决，外来人员很少。如何吸引到合适的人才，如何打造一支高度敬业的员工队伍，如何留住企业的核心人才，这一系列问题成为企业战略上关注的重点。

（7）快餐企业的多样化、标准化、工业化、集约化、连锁化的发展步伐将会进一步加快。

2. 中式快餐具有更广阔的发展前景。

（1）中式快餐的多样化更适合国人的需求。由于中国是一个多民族、区域差别较大的国家，城市、地区之间在饮食生活等方面都有着较大的差别，这也为中式快餐的发展奠定了基础。通过发展多样化的快餐，能够形成具有中式快餐特色的多品种的发展模式，以满足市场的需求。

（2）中式快餐具有广阔的市场。由于中国人口众多，围绕着满足居民一日三餐而发展起来的中式快餐，有着广阔的市场。

（3）中式快餐更适合于中国的饮食文化。中国有着几千年的文明史，积累了深厚的饮食文化，中式快餐将在对中国几千年餐饮文化的继承中得到发展，国人也将更偏爱于具有中国文化特色的中式快餐。

（4）中国经济的快速增长使快餐业发展具有更广阔的前景。中国经济仍处于快速增长的时期，随着中国经济的发展，我国人民的生活水平将大幅度提高，人们的生活方式将发生较大改变，在外就餐消费的人数将大大提高，对中国快餐业的发展将产生巨大的推动作用。

据有关专家预测，21 世纪，中国快餐业将成为最热门的行业，也是发展最快的行业之一。

2.3 快餐企业发展分析

2.3.1 洋快餐企业

1. 肯德基。肯德基是世界最大的炸鸡快餐连锁企业，在世界各地拥有超过 11 000 多家快餐店。这些餐厅遍及 80 多个国家，从中国的长城，直至巴黎繁华的闹市区、风景如画的索非亚市中心以及阳光明媚的波多黎各，都可见到肯德基快餐店。

1987 年，肯德基在北京前门繁华地带设立了在中国的第一家快餐店，到 2007 年已经在中国开设了 2 000 家，在中国县级城市以上的地方基本都开办了快餐店。据百胜集团发展规划，肯德基将在中国开设上万家快餐店。

2. 麦当劳。麦当劳作为全球最大的快餐企业，已在 120 多个国家开办了 30 000 余家快餐店，年营业额达到 450 多亿美元。1990 年，麦当劳在深圳开设了中国的第一家快餐店，开业当天无数市民举家前往，共享喜悦。现在国内已有近千家快餐店。

“麦当劳不仅仅是一家餐厅”这句话精确地涵盖了麦当劳集团的经营理念。麦当劳的欢乐、美味是通过快餐店的人员传递给顾客的。然而快餐店并不是麦当劳这一世界品牌的全部，它只是冰山的一角，因为在它的后面有全面的、完善的、强大的支持系统全方位配合，以达到质与量的有效保证。其主要特点是：拥有先进技术和管理的食品加工制造供应商、包装供应商及分销商等采购网络；完善健全的人力资源管理和培训系统；准确快速的财务统计及分析系统等等。

3. 吉野家。吉野家是一家日本快餐企业，成立于 1899 年，以经营由米饭与牛肉合二为一的牛肉盖饭为主，到目前为止已经在全世界发展到1 000余家快餐连锁店。1992 年进入中国以来，得到了较快发展，2004 年就成为全国百强餐饮企业之一。其经营的主要特点就是借鉴了美国快餐业发展的经营模式，依托日本现代化的食品加工技术，实现了原材料加工的工业化生产，确保了产品、质量、口味的一致性。

2.3.2　中式快餐企业

1. 多品种快餐企业。

（1）面点王。深圳面点王公司成立于 1996 年 11 月，以经营中国传统的面食为主，以白领阶层和家庭消费群体为目标市场，现已发展成为年销售额超亿元、拥有 40 多家直营连锁店、一个食品配送中心的现代大型中式快餐连锁企业。其主要特点：

一是面点王突破了中式连锁快餐的发展瓶颈——标准化问题。面点王经营的菜、面、粥 130 多个品种的 80%已经实行了标准化，80%的食品是在半成品的状况下，从配送中心送到各个连锁店，然后面点厨师再按标准制作。其工业化的生产、大型食品配送中心的建立，保证了顾客在任何一家连锁店都能享用同样的产品。这种规模化、标准化和连锁化的经营管理模式，是中式快餐企业发展的方向。

二是注重产品质量。面点王所使用的半成品，都是当天生产当天配送。连锁店的产品都要在指定售卖时间内出售，过期必须倒掉。并在这方面制定了“十不准”条例，专门来规定食品的使用期限。

三是注重服务质量。为了确保服务规范，面点王设置了9个不同场景的专业用语，对顾客点菜或询问出品等情况制定了详细的文明礼貌用语。对员工服务质量的要求基本是标准化的。

四是面点王的成功之处还在于稳扎稳打。目前，面点王主要市场仍在广东省，对外发展还比较少。面点王坚持“不以面食而面食，却以面食做文章”的经营理念，近年一直围绕着“面”做文章，努力挖掘民族传统饮食之长，稳扎稳打，实现了企业的稳步发展。

(2) 永和豆浆。台湾永和豆浆餐饮管理公司，是一家以经营豆浆和油条为主的快餐企业。随着“永和”知名度的不断提升及良好的市场运行，公司不仅在杭州各城区开设了连锁店，同时也在安徽、浙江、江苏、山东、北京等地先后开设了多家连锁店，逐步走上了规模化发展的道路。

其主要经营特点：一是经营品种不断扩大，已由原来的经营豆浆和油条为主，逐步扩大经营品种，现已能为顾客提供五大系列（面条、饭类、煎蒸、冷饮、套餐）近60种食品；二是提供24小时全天候经营和外送服务；三是注重适应环境的改变；四是注重建立自己的经营风格。他们虽以传统经营理念为基础，但在硬件上更加靠近西式风格，却又不失中式韵味。在软件上尝试了新的明档售卖方式及服务操作流程，得到了新老顾客的认可与好评；五是注重产品和服务创新。为使其主导产品豆浆适应更多的人群，不断采用先进的现代技术设备，开发出保质期长、品种繁多、适合不同人群的系列豆浆产品，使人们不到豆浆店也能喝到鲜美的豆浆，实现了豆浆油条消费习惯的“革命性”转变。

(3) 大娘水饺。大娘水饺是一家20世纪90年代创办的中式快餐企业，原来主要以水饺为主，随着企业的发展，企业已由单纯的经营水饺模式，不断实现了产品组合创新发展。目前，大娘水饺已开发出水饺类 150 多个品种，汤类 20 余个品种，冷菜近 50 个品种。同时，他们还根据新模式连锁店供餐方式的要求，开发出了米饭类、面条类、煲类、盅类、农家铁锅类，以及包子、点心等产品各十几个品种，并在各新模式连锁店经营了早餐，早餐产品也有近 10 个品种。

同时，大娘水饺在产品的创新之路上一直努力追求产品的标准化。他们在探索的过程中努力做到边实践、边提高，如新开发的米饭、面条以及煲类、盅类等产品已在加工制作上有了新的突破，所有的产品均按照“中餐西做”的总要求，采用了标准化的制作工艺，给部分中式菜肴和点心注入了标准化的“灵魂”，从而使产品源于传统又高于传统。

2. 单品种快餐企业。目前，国内很多快餐企业发展的路子是产品单一化、专业化和连锁化，像马兰拉面、真功夫、味千拉面、吉祥馄饨等，以一种产品为主，配以几种辅助产品。这种经营的优势是产品易于工业化生产，标准化程度高，质量易于控制，有利于连锁化经营，是中式快餐的西式化生产经营模式。目前在这方面做得比较好的是真功夫和味千拉面。

（1）真功夫。真功夫餐饮管理有限公司是一家 20 世纪 90 年代创办的中式餐饮公司，该公司主要以原盅蒸饭为特色，以“营养”为品牌核心。凭借其自主发明的“电脑程控蒸汽设备”，一举攻克了中式快餐业的“标准化”难题；通过借鉴国际快餐经营理念，在“品质、服务、清洁”上与国际标准全面接轨。同时，还制定了中国餐饮业内第一套完备的营运手册，使各级管理、各项服务、各道工序都实现了标准化，探索出了中式快餐发展的新路。自 1994 年创立以来，真功夫一直保持着良好的发展势头，至今在全国已拥有上百家直营店，成为中式快餐业的明星企业、营养快餐的倡导者。

（2）味千拉面。据味千拉面创办人介绍，味千拉面以一碗拉面起家，凭着敏感的市场嗅觉和精准的市场定位，依靠标准化和工业化运作，在一个温润的大环境中像细胞繁殖一般高速复制味千门店。从2003年的13家到2007年底的212家，企业打造的“基因”不仅仅存在于拉面本身，同时也贯穿于整个企业的经营管理之中。昔日日本九州岛的区域拉面品牌如今已经成为中国人心中日本拉面的代名词，成为中国第一家快餐企业整体上市公司。其主要特点：一是定位准确，瞄准中高端快餐市场，由深圳起家，发展成为全国连锁。二是实现了半成品的工业化生产，面块和调味品全部是工业化生产。三是环境幽雅，注重服务。实现了服务到桌，将正餐式服务应用于快餐，服务水平明显提高。

2.4 中式快餐与洋快餐之比较分析

2.4.1 产品

中式快餐产品主要以品种多、制作工艺复杂、口味多样化、适应人群多为主要特点，突出了烹、煮、煎、炸、烤、烙、蒸、炒等制作手段，注重色、香、味的有机结合，同时又兼顾了产品的营养性，非常适应中国人的口味和需求。另外，由于中国是一个多民族的国家，每一个民族都有着自己特色的饮食习惯和饮食产品，这为中式快餐产品的发展提供了广阔的空间。西式快餐产品都比较单一，多数都以一种或几种产品为主，通过不同的产品组合，以满足部分特定人群的需求。但是对照洋快餐在国内的发展，其产品的本土化经营趋向越来越明显，逐步从不经营具有中式快餐特色的产品，到开发研制适合中国人口味的中式快餐产品，已逐步从单纯的经营西式快餐、少品种快餐，向多品种、本土化趋势发展，中西式快餐之间的差异性在不断地缩小。

2.4.2　标准化

标准化是西式快餐的一大特点，西式快餐产品品种比较少，经过多年的发展，已经实现了标准化和工业化。同时西式快餐不仅重视产品的标准化，而且非常重视运营管理的标准化，从产品质量的全过程、服务质量、品牌标识、店面环境、物流配送到人力资源管理，基本实现了标准化运营。

中式快餐起步比较晚，由于产品品种比较多、制作工艺比较复杂，专业化生产设备相对落后，致使标准化水平还比较低。从产品、生产、经营、管理等多个方面的标准化与西式快餐相比，都还有较大差距。但随着中式快餐业的发展，很多中式快餐企业在实施标准化方面进行了有益探索，特别是近几年标准化水平在快速提升，与西式快餐之间的差距也在不断的缩小。

2.4.3　经营模式

西式快餐有完善的连锁经营体系，包括市场开发体系、营运体系、加工体系、配送体系、研发体系、采购体系、仓储体系、财务体系、人力资源体系、培训体系、维护保养体系以及以区域为核心的营运组织体系等，由于其管控能力强，标准化程度高，可复制性强，因此其直营连锁和特许加盟连锁都已经成为成熟的经营模式，对企业规模的迅速扩张，以及国际化经营起着极其重要的作用。

中式快餐是在传统餐饮的基础上逐步发展起来的，由于起步较晚，发展时间较短，形成了现代快餐的经营模式和传统餐饮经营方式并存的经营格局，还没有全面形成标准化、规范化、连锁化的运营体系，特别是特许、加盟连锁模式，鲜见成功者。但是随着中式快餐企业发展步伐的加快，一些具有较大规模和品牌影响力的中式快餐企业，已在快餐经营模式方面进行了大胆创新和探索，形成了具有中式快餐运营特色的连锁经营模式。

2.4.4 服务客户

中式快餐由于起步就以大众化为主，主要是满足城市居民和部分流动人口的饮食需求，无论是多品种快餐企业还是单品种快餐企业，其服务客户的范围都比较广，消费群体比较广泛。

西式快餐由于经营的品种比较少，且产品的口味比较适合年轻一族，因此其服务的客户主要是年轻人。但随着洋快餐的本土化发展，不断开发适合中国人口味的中式产品，有的还开设了早点，其服务的客户群体也在不断的扩大。

2.4.5 品牌

中式快餐尽管起步比较晚，发展时间比较短，但在众多的热爱中式快餐事业的有志之士的不断努力下，一大批具有较大规模和实力的中式快餐企业逐步形成了自己的品牌，具有了一定的品牌影响力。但是与洋快餐相比，由于标准化和工业化程度还不够高，同时在品牌营销方面还有较大差距，中式快餐品牌的打造还处于起步阶段，特别是能够走出国门，成为世界级品牌的中式快餐企业还没有，中式快餐在品牌发展上还有广阔的空间。

西式快餐起步比较早，有的已具有半个多世纪的发展历程，由于西式快餐的标准化和工业化程度高，为其实施品牌扩张奠定了坚实的基础，也为其实现跨区域发展提供了条件。目前一些西式快餐企业的连锁店已遍布一百多个国家，同时在中国也实现了快速发展，这又进一步增强了其品牌影响力和市场竞争力。

2.4.6 产业链

西式快餐非常重视产业链的发展，麦当劳在进入中国市场之前，其供应商就已经提前多年在国内培育和建立供应链条，确保了麦当劳一进国内就建立了比较完善的供应链。目前西式快餐都有自己非常健全和完善的产业链作保证，确保了其运营的正常进行。

中式快餐经过多年的发展，一些大的企业也已建立了自己的产业链，有的是先建中心厨房，再建门店；有的是供应链与门店同时发展。目前由于中式快餐企业的规模还不是非常大，供应链多由企业自己建设与运营，部分原材料由供应商提供。

2.4.7 信息化

信息化水平的高低决定着企业管控能力和水平的高低。西式快餐注重对信息化的建设和开发运用，建立了非常健全和完善的信息化运营系统，像肯德基和麦当劳，其信息化系统能够确保其将任何一种快餐的当天销售运营情况及时地传送到总部，为其进行科学决策提供了全面、及时、准确的信息资料。目前中式快餐由于规模、实力等因素，信息化水平较低，但是，业内人士对此认识程度越来越高，重视程度越来越高，部分企业已经开始建立起自己比较完善的信息收集、分析系统，信息化水平不断提升，信息化在快餐企业经营管理中的作用已初步显现。

2.4.8 发展趋势

西式快餐在中国发展，对中式快餐产生了很大促进，中式快餐的发展也对西式快餐产生了较大影响。如中式快餐产品比较重视色、香、味以及营养搭配等，西式快餐企业已开始借鉴。随着中西式快餐的发展和东西方文化的交流与融合，中式快餐在保持中式产品特色的情况下，将逐步向工业化、规范化和国际化发展。西式快餐在不断改进其产品结构的同时，逐步向本土化发展，使其服务的群体更加广泛。

2.5 中式快餐发展趋势

从以上分析我们可以得出关于中式快餐发展趋势的结论：

1. 品牌化是中式快餐发展的方向。
2. 规模化是中式快餐发展的客观要求。
3. 标准化和工业化是中式快餐发展的内在要求。
4. 先进的管理模式和经营方式是中式快餐发展的关键之所在。
5. 大众化是中式快餐发展的准确定位。
6. 特色化是中式快餐走向世界的基础。

第3章 金德利基本情况

3.1 金德利发展历程

3.1.1 创立的背景

20世纪90年代初，正是我国粮食实施市场化改革初期，粮食市场价格开始放开，当时，城市粮油供应企业作为计划经济条件下粮油供应的主渠道，在粮食系统由计划经济向市场经济转变过程中首先迈入市场。随着粮价和粮食市场的放开，过去排队到粮店购粮的现象一下子没有了，出现了卖粮人没活干、没饭吃的现象，有的粮店一天卖不出一斤粮食，城区上百家粮店的经营陷入困境。面临严峻考验，粮店仅靠“米、面、油”经营已难以生存。出现了大量的下岗职工，给社会带来很多不安定因素，粮店到了生死关头。由于粮店经营困难全国各地市刮起了一股国有粮店对外出让风，很多大中城市的粮店被廉价出让给个人，从此退出了历史舞台。济南市粮食供应企业也面临着艰难抉择，是退却还是坚守，以及如何坚守成了摆在每一个济南粮食人面前的重要课题。

3.1.2 粮店转型

粮店何去何从？是在市场经济的浪潮中沉没，还是开辟新的经营之路？在这紧要关头，济南粮食人经过对市场的认真分析和研究认为，粮食供应的渠道多了，尽管市民不再到粮店购买粮食，但市民的一日三餐一天也少不了，这是一个潜在的大市场。基于这一认识，济南市城市粮油供应企业中部分粮店经理带头，发动职工大力发展食品生产，开始蒸馒头、烙油饼、烤烧饼、炸油条、做面包。粮店一改过去只卖生粮不卖熟食的传统做法，开始调整经营结构，发展食品生产，实行了生熟兼顾、以熟为主的经营策略。通过生变熟，粮店的经营效益大增，效果良好，使粮食职工看到了希望，坚定了信心，很多已经下岗的职工重新返回岗位。由此，拉开了城市粮店转型的序幕。经过不断探索和发展，企业经营的品种逐步增多，形成了煮、蒸、炸、烙、烤、煎、炒七大类上百个品种，创出了金德麻团、金德蒸包等“中华名小吃”和“济南市名优小吃”。企业通过转型开辟了一片新天地，使粮店起死回生，形成了金德利公司的原始雏形。

3.1.3 经营模式雏形

在当时，济南早餐市场十分让人担忧，经营者以个体马路摊点为主，其主要特点是，一口油锅，几张破桌，到处打游击；冬天冷、夏天热，泥土飞扬、无遮无挡。居民很不满意，盼望着能在一个干净卫生、遮风挡雨的地方吃上放心的早餐。

根据市民的需求，粮店在外卖熟食的同时，开始了早餐供应，深受顾客欢迎，很快出现了排队买早餐的现象。随着就餐人数的大量增加，为了适应市场的需求，满足市民对早餐的需要，企业开始了对粮店的第一次改造，压缩生产区面积，腾出地方开辟了店内就餐区，实现了就餐区和生产加工区的分离，形成了真正意义上的快餐店。城市粮油供应企业通过由生到熟、再到早餐工程的实施，不仅使粮店的经营模式发生了质的飞跃，而且也为金德利快餐的诞生奠定了坚实的基础。

在企业实施“早餐工程”，开展店内就餐的过程中，午餐和晚餐的营业额也快速增加，从经营早餐开始向三餐发展。面对新的发展形势，济南粮食人敏锐地认识到，快餐已成为人们饮食消费的主流，发展快餐业有着巨大的市场，从而适时提出了以“粮油经营为基础，粮油食品及快餐经营为重点，其他经营为补充”的“三位一体”经营思路，制定了“居民厨房工程”实施方案。并多方筹措资金，开始了粮店的第二次改造，全面实现了粮油供应店向快餐店的转型，形成了金德利经营模式的雏形。

3.1.4　品牌统一

从粮店脱胎而来的食品快餐店最初是四个粮食分局各自发展，分别经营，拥有四个不同的品牌，分别是“金德利”、“中达”、“天粮”和“三和”。在发展初期，四个分局的快餐店相互竞争，独立发展，起到了互相促进的积极性作用。但发展到一定阶段，四个分局各自为战的局限性日益凸现。四个品牌中，金德利品牌发展最早，也最具影响力。为了提高竞争力和影响力，2002年在济南市粮食局的主导下，成立了济南金德利快餐连锁总公司，四个粮食分局统一使用金德利快餐品牌。但经营管理仍为各自为战，快餐店的发展很不平衡，这次统一仅实现了四个粮食分局快餐店名称的统一。

3.1.5　标准化、工业化起步

金德利的快速发展对企业的经营管理提出了更高的要求。济南金德利快餐连锁总公司学习和借鉴国外快餐企业的经营管理模式，在标准化问题上进行了积极探索。一是各公司根据经营的品种开始制定产品标准，部分产品实现了统一配方。二是在引进新品种方面进行了有益探索，对引进的各地名优小吃进行标准化改造，形成既有地方特色又有统一标准的金德利产品。三是开始探索产品的工业化生产模式。以槐荫粮食分局为主的金德利总公司，筹资建设了一处产品集中生产车间，初步实现了面包、糕点等面食产品的工业化生产。四是以各公司为单位，在原材料采购配送方面进行了有益探索。形成两个采购配送中心，实现了部分原材料的统一采购配送，在维护企业信誉、稳定产品质量、提高标准化程度等方面发挥了积极作用。

3.1.6 拓宽领域，经营方式多样化

随着金德利公司发展步伐的加快和规模的扩大，自有网点已远远不能满足经营的需要，金德利公司利用自身的特色和管理优势，开始跨区域、多方式经营。一是承包企事业单位食堂，实现低成本扩张。二是积极参与驻济部队后勤保障社会化服务改革。三是积极与济南市大型商业零售企业签订协议，抢占超市内的食品加工销售市场。先后进入沃尔玛、家乐福、大润发、银座等十余家大超市。四是成功登陆外地快餐市场。2004年，金德利公司通过与银座超市合作，在省内的日照市成功开设了第一家外地金德利超市快餐店，探索出一条跨区域连锁经营的路子，为以后的发展积累了经验。

3.1.7 区域品牌的形成

济南金德利快餐连锁总公司依托过去的粮店，经过十余年的艰难探索和发展，立足居民一日三餐，以“便民、利民、为民”为宗旨，本着“国以民为本、民以食为天、食以洁为先”的经营理念，确立了“市场定位大众化、经营方式个性化、经营环境舒适化、产品品种系列化”的经营方针，通过向广大顾客提供营养、绿色、安全、健康、放心的快餐食品，成为济南市最受欢迎的快餐连锁店。2003年，在由齐鲁晚报、山东省饮食协会等部门组织的有3万多市民自发参加的“你最喜爱的快餐店”评选活动中，金德利以突出的优势被评为最受市民欢迎的快餐店品牌，成为名符其实的济南市快餐第一品牌。先后荣获“全国绿色餐饮企业”、“中华餐饮名店”、“中国快餐连锁品牌企业”、“全国团膳品牌企业”、“全国青年文明号”、“山东金牌快餐”等荣誉称号。2004年成为山东省“百城万

店无假货”示范店。

3.1.8　体制改革

2006 年对金德利公司发展具有划时代的意义。根据国务院关于深化粮食流通体制改革和济南市政府关于国有粮食企业改革的意见，金德利按照科学发展观的要求，结合自身发展现状，全面进行了体制改革。

1. 实施产权制度改革，组建了金德利集团公司。为了推进企业集团化经营，实现企业规模化发展，按照现代企业产权制度的要求，结合金德利自身的实际，在国有控股的前提下，实施了集团化改革，对各粮食分局资产进行了整合。按照国有企业改革改制的规定，共同组建了山东金德利集团快餐连锁有限责任公司，改变了金德利分散经营的状况，真正实现了统一运作，规范化经营，实现了金德利体制的全面改革。

2. 建立了投资主体多元化的金德利集团子公司。为更好地优化产权结构，建立以集团公司为母公司、各分局改造为子公司的集团化发展模式，在集团公司成立的基础上，对原有的各粮食分局进行了产权制度改革。通过吸收经营者、管理层、技术骨干和部分职工入股，分别组建了槐荫、市中、历下、天桥四个国有控股的有限责任公司，作为金德利集团公司的子公司，形成了集团公司、子公司、快餐网点三级经营管理架构，既实现了一体化经营，又充分发挥各子公司的积极性。

3. 成立统一的配送公司，加快了连锁化发展步伐。为加快推进金德利公司连锁发展步伐，按照现代快餐业发展趋势要求，金德利集团公司通过整合各粮食分局原有的配送资源，重新组建了金德利集团配送公司。使配送公司成为集原材料采购、产品研制、半成品、成品统一配送、季节性产品生产于一体的大型加工、生产、配送中心，真正实现了品牌统一、标准统一、质量统一、服务统一、管理统一，加快了金德利集团公司一体化进程。

4. 初步建立起了现代企业制度。按照“产权清晰、权责明确、政企分开、管理科学”的现代企业制度要求，通过实施产权改革，建立起了以集团公司为国有资产管理主体、以各子公司为经营主体、以经营网点为基础的经营管理架构，实现了管人、管事、管资产的有效分离，由金德利集团公司总部和五家子公司组成的金德利集团公司全部改制完成。金德利公司由过去的国有独资、分散经营，成为投资主体多元化、集生产、经营、配送、物流于一体的集团公司，形成了组织结构更加科学、管理机制更加顺畅、经营机制更加灵活的改革目标。

3.1.9 机制改革

在深化公司体制改革的同时，金德利集团内部及时进行了机制改革。

1. 建立和完善了企业法人治理结构。集团公司和各子公司分别建立了股东会、董事会、监事会和管理层“三会一层”架构，明确了各部门的职责要求，使企业内部管理决策实现了程序化。

2. 优化了内部管理结构。体制改革后，集团公司和各子公司按照新的管理体制，及时对管理机构进行了优化整合，精简了部分机构，减少了管理层面，组成了“三部一室”的管理层，使管理人员和管理层面大为减少，形成了集团公司、子公司、快餐店三级管理架构，管理机制更加优化。

3. 对人力资源管理进行了改革。建立起了领导班子考核交流制度，选拔任用了一批中青年干部，一部分年轻有为的中青年干部走上了领导岗位，为企业的长远发展注入了新的活力，实现了领导班子老中青结合，优化了管理结构。

4. 对分配机制进行了全面改革。建立了激励与约束相结合的新机制，对经营人员实行了月薪加绩效工资的激励机制。薪酬制度既体现绩效激励，又兼顾企业平衡，起到了较好的激励作用。

3.1.10　金德利公司实现跨区域经营

金德利公司通过体制和机制改革，进一步调动了广大干部职工的积极性，激发了企业发展的士气，发展步伐明显加快。一是济南市场进一步扩大。抓住城市建设步伐加快的机遇，进社区，进学校，抢占繁华地段，同时对新开发的区域提前介入，选址布点，进一步提高了济南市场的份额。二是辐射济南各县市区。先后在章丘、长清、平阴、济阳等县市区开设了多家快餐店，金德利公司对外发展迈出重要一步。三是省内发展结出硕果。金德利公司积极创造条件，实施走出去战略，先后在淄博、聊城、德州、日照等地开设了多家快餐店，并率先在淄博形成了区域化发展格局，省内市场全面开花。四是进入北京，实现了跨省发展。金德利对外发展步伐明显加快，呈现出区域品牌向全国品牌发展的态势。

3.1.11　金德利快餐店发展历程表

（1）第一家金德利快餐店成立。1992年，槐荫粮食分局创办了第一家金德利快餐店，即槐荫区经二纬六路快餐店。

（2）多品牌发展期。1992—2002年期间，各粮食分局先后创办了不同品牌的快餐店。

（3）金德利总公司成立。2002年，在济南金德利快餐供应连锁总公司的基础上，成立了济南金德利快餐连锁总公司。

（4）统一金德利品牌。2002年，随着济南金德利快餐连锁总公司的成立，市中、历下、天桥三个分局的快餐品牌停止使用，四个粮食分局开始全部使用金德利快餐品牌。

（5）建立区域配送中心。2003年，建立了金德利槐荫天桥配送中心和市中历下配送中心。

(6) 加盟店发展。2004 年，开始对外发展加盟店，共发展了 6 家加盟店，在发展过程中，发现存在问题，随即停止。

(7) 集团公司成立。2006 年 12 月，通过对四个粮食分局的资产整合，组建了山东金德利集团快餐连锁有限责任公司。

(8) 配送公司成立。2007 年 1 月份，由金德利集团公司出资，组建了金德利集团快餐连锁配送有限公司。

(9) 各子公司成立。2007 年 5 月份，经济南市国资委和济南市工商局批准同意，以各粮食分局为基础，分别改制为金德利集团槐荫、市中、历下、天桥四个快餐连锁有限责任公司。

(10) 第一家金德利外地超市店成立。2003 年，金德利公司与银座超市合作，在日照银座超市开办了第一家金德利超市快餐店。

(11) 第一家金德利县区店建立。2007 年，成功创办了金德利章丘快餐店。

(12) 第一家金德利外地店建立。2007 年，金德利临淄店成功开业。

(13) 第一家金德利省外店建立。2008 年 1 月份，金德利北京护国寺快餐店开业。

(14) 金德利在市外形成区域化经营。2008 年 12 月，金德利市中公司在淄博地区开设第 5 家快餐店，形成区域化经营格局。

3.2 金德利现状

3.2.1 资产结构

2006 年金德利公司改革前，企业性质为国有独资，资产全部为国有资产。2006 年，成立了金德利集团公司，并实施了产权制度改革，吸收了部分经营者、管理人员、技术骨干和职工入股，建立了投资多元化的金德利各子公司。企业资产结构如表 3.1 所示 (资产截止到 2007 年)。

表 3.1　金德利集团资产结构表

企业总资产（万元）	其中：		企业总负债（万元）	资产负债率（%）
	固定资产（万元）	流动资产（万元）		
25 970	16 222	9 256	9 597	37

3.2.2　人员结构

表 3.2　金德利集团员工结构表

职工结构	职工人数（人）	占职工总数比例（%）
职工总数	3 350	100
原企业老职工	1 350	40
聘用员工	2 000	60
具有高级职称员工	270	8
大专以上学历员工	198	6
产品研发人员	160	5

3.2.3　组织架构

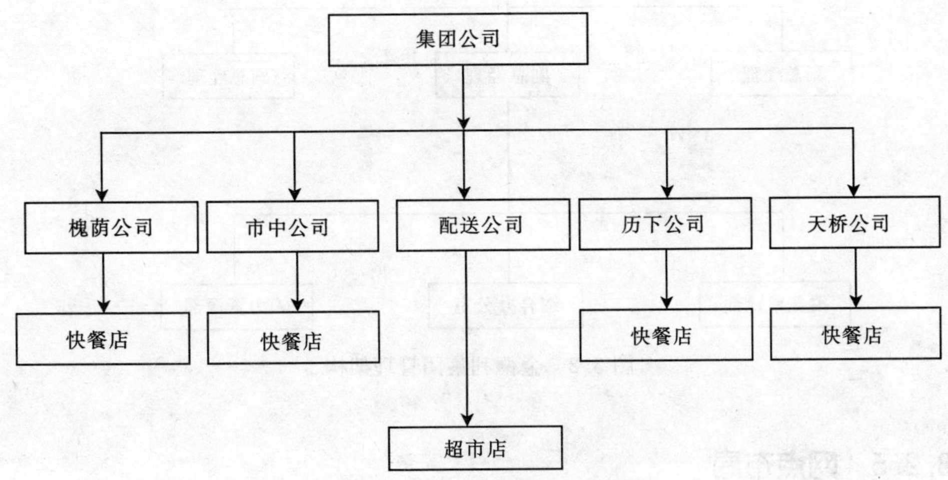

图 3.1　金德利集团组织架构

3.2.4 管理架构

山东金德利集团公司在济南市区实行区域化管理。集团公司设董事长、总经理及有关部、室，副总经理兼任各部室、部长、主任。各子公司分别设有董事长、总经理、副总经理、各部室、店经理。实行的是直线管理体制，如图 3.2 所示。

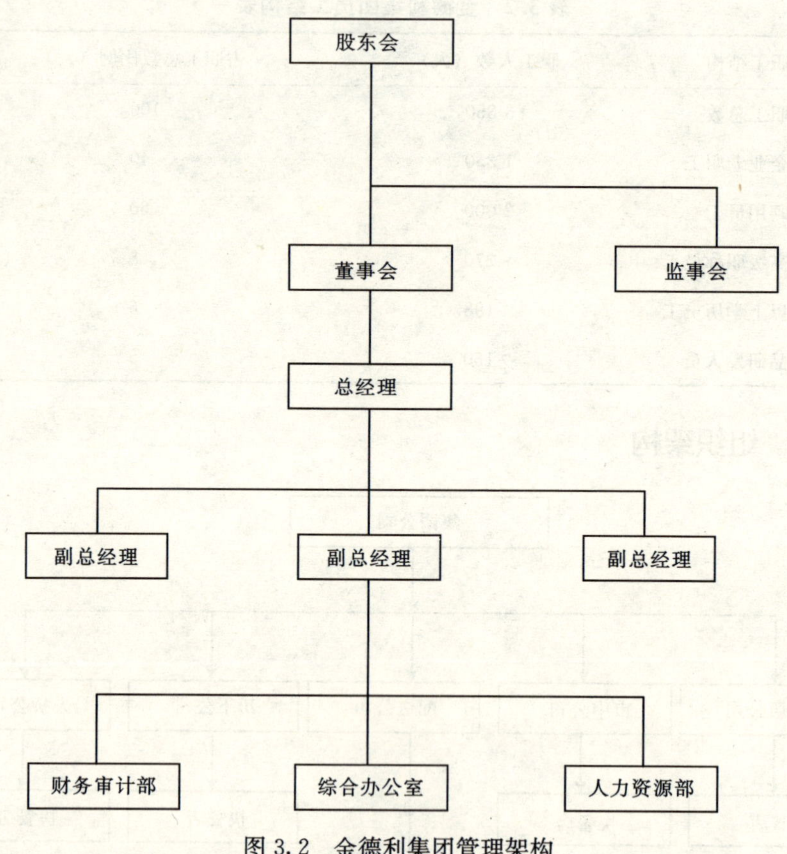

图 3.2 金德利集团管理架构

3.2.5 网点布局

金德利集团经营网点达到 140 余家，其网点布局如表 3.3。

表 3.3　金德利网络结构分布表

	金德利门店分类	店数（个）	所占比例（%）
按经营方式划分	合　　计	146	100
	自有网点经营店	36	25
	租赁网点经营店	74	51
	超市店	25	17
	机关企事业食堂	7	4
	加盟店	4	3
按区划分	济南市内快餐店	130	89
	市外省内店	15	10.3
	省外店	1	0.7

3.2.6　生产经营管理

金德利以经营中式快餐为主，生产经营 7 大类 200 多个花色品种。产品由店内生产为主，逐渐向集中生产发展。经营门店主要分为自有店、租赁店、承包食堂等类型。经营网点的营业时间一般在 14 个小时左右，员工实行双班制。由于店面所处的位置不同，每一个店面的营业额也有所不同，日营业额高的在 1.5 万元以上，一般的都在 0.8 万元左右。2008 年实现营业额 2.5 亿元。

为了强化管理，企业编印了《运营管理手册》，制定了各项管理制度和管理规范，确保每个岗位都有管理制度、管理规范和操作规程。公司通过对各店进行调查分析，去粗取精，删繁就简，设计了十余种覆盖采购、入库、出库、加工、销售、结算等各个环节的账、表、卡、单，统一了各店的内部管理制度，堵塞了管理漏洞。

在质量管理方面，始终坚持质量第一的观念，加强产品的科学化、标准化管理。从原料采购、运输、加工到配送，各个环节都制定了标准，责任明确，监督有力，确保了产品质量。

在成本管理方面，以各子公司为单位，实行统一采购，分店核算，严格控制费用开支，降低成本。

3.2.7 产品创新

金德利对产品的创新非常重视，建立了由食品技术人员和拥有一级技师以上职称的人员组成的企业产品研发队伍。根据企业的规划，企业每年要开发新产品20余个，引进国内外的名优小吃10余个，以保证企业每月都能推出部分新产品。同时通过举办不同形式的技术比武和参加部分国内具有较大影响力的产品博览会，实现企业产品的不断改进与创新。

3.2.8 物流配送

发展食品生产和强化配送中心建设是一个快餐连锁企业必须做的功课。配送公司作为金德利集团的中心厨房和物流配送基地，是集团与各子公司、快餐店的桥梁和纽带，在品牌运作、统一产品质量、提高服务水平方面发挥着十分重要的作用。2006年以来，金德利集团投资近千万元，对配送公司进行了全面改造，建成了总面积8 400余平方米的集加工、物流、配送为一体的大型配送中心。形成了馅料、糕点、面点、豆制品等多个生产车间，购进了先进生产设备，部分产品实现了机械化生产。配送公司在集团连锁化经营和季节性产品生产中发挥着越来越重要的作用。

3.2.9 人力资源的培训与激励

初步建立了员工培训体系。形成了从集团公司、各子公司到快餐店的三级培训体系，培训范围覆盖各个岗位和每一名员工。近年来，企业采取走出去与请进来相结合、理论学习与现场操作相结合、脱产培训与岗位练兵相结合的办法，有计划地对员工进行营销知识、职业道德、服务规范、成本核算、食品加工技术等方面的培训，提高了员工队伍的综合素质和业务水平。

激励机制得到逐步完善。服务质量好坏是餐饮经营能否成功的重要因素，公司每年都在各店广泛开展优秀营业员评选活动，制定了统一的标准，印制了统一选票，采取顾客评与店内评相结合、以顾客评选结果为主的办法。通过对优秀员工的评选和表彰奖励，进一步激发了广大员工的工作积极性，形成了你追我赶、争先创优的良好氛围，大大提高了金德利品牌的影响力和美誉度，为企业的规模扩张、品牌提升奠定了基础。特别是十佳快餐店、十佳店经理的评选和绩效工资的实施起到了良好的激励作用。

3.2.10　特许加盟经营

2004 年，金德利公司对社会开展了加盟探索，发展了 6 家个人加盟店，因加盟条件不成熟，当年即停止。加盟经营没有实现大的发展。

对历城区粮食局实行了特许经营，历城区的快餐店得到了较快发展。这种经营管理模式还处于探索中，还需要进一步完善。

3.2.11　送餐业务

近年来，送餐业务已成为金德利新的增长点，成为快餐店的有效补充，两者拾遗补缺，有效提高了金德利的竞争力。随着金德利品牌影响的日益扩大，送餐业务也日益繁忙，已从单位送餐发展到展会送餐和社会商业活动送餐，取得了较好的经济效益和社会效益。

3.2.12　企业文化建设

金德利公司经过多年的发展，形成了一些被广大职工所接受的企业经营、管理、服务理念和规范。提出了“道通人和、实践第一”的企业哲学，确立了“创全国一流、建百年老店”的企业目标，形成了“为食者造福、为员工谋利”的企业价值观，培育了“追求卓越、服务真诚”的企业精神。这些企业文化的形成，对于加快企业的发展发挥了重要作用。

第4章　金德利SWOT分析

制定企业的发展战略，必须要做到知己知彼。知己就是要明确企业自身的优势和不足，发挥优势，克服不足，扬长避短；知彼就是要对影响企业的外部环境全面了解，从中发现机遇，明确企业面临的威胁，做到趋利避害，方能实现企业的可持续发展。通过SWOT分析，就可以使企业在制定战略时做到针对性强、有的放矢。以下对金德利的现实情况进行SWOT分析。

4.1　优势（Strengths）

4.1.1　品牌优势

金德利是由过去的城市粮油供应店逐步发展起来的，在发展过程中，不仅继承了国有粮店长期积累的良好信誉，而且依托政府的“放心早餐工程”和“居民厨房工程”，进一步发扬了粮食部门的优良传统，使金德利一开始就在市民心目中留下了诚信、放心、安全的良好印象，成为市民信任的快餐品牌。金德利经过十余年的发展，不仅在济南，而且在全国粮食行业也已成为中式快餐第一品牌。2003年被评定为“市民最喜欢的餐饮品牌”；2006年被中国烹饪协会评为“中国快餐十佳品牌”；2007年金德利荣获“中国十大快餐连锁服务质量品牌”；2008年，金德利成为山东省服务业重点企业，成为“全国餐饮百强企业”，荣获“中国中式快餐连锁十大最具影响力品牌”企业。伴随着金德利的不断发展，金德利品牌的知名度和影响力不断提升。

4.1.2　资产优势

金德利经过多年的发展，不仅网点规模逐年扩大，而且积累了大量的优良资产，此为其他企业所不可比拟的。一是通过发展，保留了过去国有粮油食品店的资产，保住了国有粮食供应阵地。二是随着企业的发展，企业的一些债务和历史遗留问题，已经全部得到解决。三是企业经过体制改革，吸收了部分企业管理者、技术管理人员入股，使资产结构得到优化，资产的收益率得到提高。四是随着城市的发展，部分网点的处置和回购，进一步提高了资产的收益。目前企业的资产负债率仅在30％左右，优良资产不断增加，为企业的良性发展奠定了坚实基础。

4.1.3　市场定位优势

金德利定位于大众化餐饮，市场广阔，潜力巨大。金德利一开始就紧紧围绕居民一日三餐，服务于机关、企事业单位、商务人士、家庭、工薪阶层、学生、旅游者等消费群体的就餐需求，为不同层次的广大消费者提供“方便快捷、安全卫生、品种丰富、营养健康、价格合理”的中式快餐。这样的定位，既有广泛的服务群体、长期的发展的潜力，又有越来越巨大的市场需求。金德利就是在不断满足市民的需求中发展起来的。

4.1.4　经营方式优势

根据市场需求，金德利逐步探索出了多种经营方式，一是通过与大型超市合作，开设了店中店。目前在金德利已进驻了济南的所有大型超市并进驻了部分外地超市，实现了强强联手合作。二是合作办食堂。为满足机关、部队和企事业单位需求，金德利承包了部分单位、学校的食堂，同时积极参与部队后勤保障社会化改革试点，承办了部分部队食堂，受到了机关、部队和企事业单位的好评。三是推进了送餐业务，利用金德利统一配送、集中化生产的优势，近年来承担了很多大型展览会、博览会和大型文体活动等社会商务的供餐任务。2009 年第十一届全运会在济南举行，金德利成为全运会工作用餐的供餐单位。同时很多金德利快餐店还承担着多家单位的工作餐送餐任务，送餐成为金德利重要的一种经营方式。四是节日性食品生产供应是金德利的又一重要经营方式。随着金德利配送能力的不断提高，金德利已经成为我国传统的元宵、粽子、中秋月饼和春节面点等传统节日食品市场的主要生产经营单位，成为广大市民和消费者购买节日产品的主要提供者。金德利除常规快餐店经营外，几乎利用所有快餐经营方式，这是其他同类企业所不具备的优势。

4.1.5 产品优势

金德利产品通过蒸、煮、炸、烙、烤、煎、炒等方式制作，有面食、米饭、菜品、粥类、小菜、糕点等七大类 200 多个花色品种，最具中式快餐特色。突出表现在：一是产品品种多。金德利生产供应消费者需求的各类快餐食品，能够满足不同层次人员的需求。二是产品适合国人的口味，特别是我国北方人的口味。三是节日性产品成为市民的首选。金德利月饼已被中国饭店业协会评定为“中国饭店业十佳品牌月饼”。四是产品更新较快。配送公司或中心厨房每年都开展产品创新活动，一方面是对现有产品实施改良或提升，在产品外形或内在品质上实现大的变化，形成新的产品；另一方面是实施产品引进，把一些外地的特色产品或风味产品，直接引进过来加以改造，形成具有地方特色的新产品。金德利每年都推出 20 余款新产品，以更好地适应市场的需求。目前，金德利已经成为经营品种最多的中式快餐企业。

4.1.6 网络布局优势

金德利目前拥有 140 余家快餐经营网点，基本形成了以济南为中心，辐射山东省内地市，逐步向省外发展的经营格局。一是金德利在济南市已经成为网点最多、分布最广、辐射面最大、影响力最强、知名度最高的中式快餐品牌。目前金德利在继续抢占繁华区域、商务区等人口密集区域的同时，开始逐步进入社区、居民小区和城郊结合部，逐步实现市民足不出区就可以享受到金德利提供的快餐与服务。二是金德利已经实现了由市区向周边县区的延伸。目前金德利已经在济南市的周边县市区开设快餐店十余家，实现了济南地区的全辐射，使比较偏远的县市区也能享受到金德利的产品和服务。三是省内城市网点快速发展，基本形成了进入一个城市，拓展一个城市的良好发展态势。金德利已在省内的淄博、聊城、德州、日照等地市实现了快速发展，按照进入一个城市、巩固一个城市的发展思路，目前金德利已经在淄博开设 5 家快餐店，形成了区域化发展格局，聊城、德州也正在逐步实现区域化发展格局，发展势头良好。四是金德利已进驻北京，省外发展迈出了重要一步。良好的网络布局为金德利的规模扩张构建好了基本框架。

4.1.7　团队优势

金德利公司经过多年发展，经历了由计划经济到市场经济的转变过程。广大干部职工深知金德利的今天来之不易，倍加珍惜工作岗位，倍加努力做好本职工作，形成了一支能吃苦、敢拼搏、能战斗、会经营的团队。一是拥有一支高素质的管理团队。金德利经过十余年的发展，造就了一支热爱快餐事业、了解快餐市场、懂经营、会管理、具有较高政治素质、高度的责任感和事业心的管理团队，确保了金德利发展一直朝着正确的方向前进。二是拥有一支年轻、有朝气、有责任心和工作热情、具有基层工作经验和一定管理经验的店经理队伍。他们来自基层一线，从事多个岗位的工作经历和实践经验，他们以店为家，把金德利快餐作为个人的事业追求，带领广大员工创造了一个又一个经营奇迹。三是随着企业的发展，金德利不断补充新鲜血液为企业注入活力，企业的向心力、凝聚力不断加强。依靠这一团队，金德利由小变大由弱变强，充分发挥这一团队优势，金德利将会更好更快发展。

4.2 劣势（Weakness）

4.2.1 法人治理结构还不完善

金德利集团公司虽然实行了产权制度改革，优化了内部结构，但是与现代企业制度的要求相比，法人治理结构还不完善，“三会一层”的作用还没有充分发挥出来，决策层、执行层、监督层还没有形成相互监督、相互制约的有效运行机制。

4.2.2 经营模式单一

金德利的经营方式虽然较多，但连锁经营的模式单一，主要是直营连锁，还没有探索出管控有效、运转科学、可复制性强的特许、加盟连锁模式，影响和制约了金德利的扩张速度和发展空间。

4.2.3 标准化程度不高

金德利虽然建立了配送公司和中心厨房，但是工业化程度和配送的比例都不高，机械加工设备比较落后，产品以在快餐店加工制作为主，产品和服务标准也不能得到严格地一以贯之地执行，在一定程度上影响了产品、服务的质量和品牌的形象。

4.2.4 信息化程度不高

信息化还处于起步阶段，虽然进行了积极的探索，并取得了一定成效，但不论是运营管理方面、财务管理方面还是配送物流方面，都与现代快餐连锁企业对信息化的要求有很大差距。

4.2.5　管控力度不强

由于金德利信息化程度不高，产品标准化、工业化相对较低，原材料、成品、半成品统一配送比例低，网点多而档次不一，对快餐店的管控手段比较单一，造成管理的规范化程度不高，管控力度不强。

4.2.6　人力资源结构不够合理

目前金德利集团虽有一支庞大的队伍，但是人才结构不适应企业发展的需要，高素质、会管理、懂技术、善经营的专业性人才缺乏，人才梯队结构不合理，高层管理队伍老化。

4.2.7　核心竞争力不突出

由于企业的管控力度不强，配送比例不大，工业化、标准化、信息化程度不高，使金德利的规模、品牌、产品等优势没有真正发挥最大效用，造成金德利的核心竞争力不突出。

4.2.8　企业文化还不健全

金德利公司经过多年的发展，形成了自己的企业文化，特别是制度文化已逐步健全，但在挖掘企业文化内涵和企业文化影响力方面，尤其是在无形文化建设方面还不够。无形文化是透过整体的形象形成的一种文化信息，只有有形文化与无形文化的共融渗透组合成一个完整的文化体系，才能代表着一种精神和理念，传播着一种思想，成功的企业文化体系是决定其生命活力和发展潜力的灵魂。金德利还没有形成同我国的大文化观与提升烹饪文化的内涵相统一的特色文化，还不能做到形神统一，没有真正形成自己所独有的品牌文化和企业文化。

4.3 机会（Opportunities）

4.3.1 经济和社会的发展，将进一步促进餐饮业的发展

近年来我国经济社会快速发展，连续多年实现了 GDP 两位数增长，居民收入不断增加，生活水平不断提高，为餐饮业的发展带来了广阔的发展空间。尽管自 2008 年以来，我国经济受到了国际金融危机的影响，但是，我国提出的扩大内需、加大国内投资的政策，必将带动国内餐饮消费需求，进一步促进餐饮业的发展。

4.3.2 行业发展呈现出良好的发展势头

2008 年我国餐饮零售额达到 15 403 亿元，同比增长了 24.7%，比 2007 年增幅高出 5.3 个百分点，占同期社会消费零售总额的 15.8%，人均餐饮消费支出超过 1 185 元。在全国餐饮业持续发展的过程中，快餐业也进入了快速发展期。

4.3.3 城市化拓宽了快餐业发展空间

近几年，随着我国城市化发展步伐的不断加快，大城市继续扩张，中小城市不断壮大，城市人口急剧增长，特别是农村人口不断涌入城市，消费群体逐年增大，给大众化快餐的发展带来了广阔的空间。

4.4 威胁（Threats）

4.4.1 市场竞争日益激烈

国家商务部在全国大力推进大众化餐饮的发展，各地积极鼓励各类企业和资金进入餐饮市场，大众化餐饮市场竞争越来越激烈。随着零售市场对外开放的日益扩大，外资餐饮企业将继续不断地进

入中国市场，目前已进入国内市场的外资快餐企业发展十分迅速，取得了不菲的业绩。一些实力较强的中式快餐品牌企业正处于市场抢占和争夺阶段。日益激烈的市场竞争是金德利发展的一大威胁。

4.4.2　市场进入门槛低，潜在竞争对手多

近年来，国家为了鼓励大众快餐业发展，制定了一系列政策，同时各省市政府也都出台了很多优惠政策支持大众餐饮业的发展，使餐饮业的进入门槛变得更低。再加上快餐业市场的快速增长，吸引了很多其他行业进入快餐市场，很多投资者开始涉足快餐行业，出现了不少新的品牌。

4.4.3　成本上升成为快餐业发展的重要制约因素

由于受国际金融、石油、粮食三大危机的影响，近两年来，国内物价指数的快速上升，使部分原材物料的价格快速提高，给餐饮业带来了较大影响。目前无论是中式快餐还是洋快餐，产品价格都有不同程度的上涨，中高档快餐受到了较大影响。金德利作为大众化餐饮企业，随着成本的提高，利润空间减小，影响了企业的快速发展。

4.4.4　洋快餐中式化发展步伐加快

目前洋快餐在保持自己特色的同时，不断开发中式快餐，像肯德基推出了早餐、老北京鸡肉卷、油条等中国人喜爱的产品。百胜集团还专门创办了中式快餐品牌“东方既白”，并已由上海扩展到北京市场，洋快餐中式化、本土化步伐加快。

4.4.5　民营餐饮企业发展势头迅猛

近年来，国内出现了不少民营快餐企业，而且发展势头迅猛。像面点王、真功夫、合和谷、大娘水饺等一大批民营快餐企业如雨后春笋般发展起来，已逐步由区域品牌发展成为国内知名品牌。

第5章 制约金德利发展的主要因素

5.1 外部竞争因素

快餐业作为餐饮业的一部分，起步较早，但现代快餐业是我国近几年才发展起来的一个新兴产业。目前，我国约有400多万个餐饮网点，各类快餐企业数十万家，除了部分洋快餐像肯德基、麦当劳等具有较高的知名度，占据快餐市场份额的比例较高外，具有较高知名度和较大影响的中式快餐还不多，中式快餐这块蛋糕被一百多万个快餐网点分割，市场竞争越来越激烈。在日益激烈的市场竞争中，快餐行业如何保持自己的竞争优势，巩固市场占有率，争取更大的发展空间，是每个快餐企业家所必须思考的问题。哈佛大学教授迈克尔·波特先生说过：竞争万变不离其宗，尽管信息技术正在改变企业竞争的方式，传统的竞争理念仍然是有效的分析手段。因此，企业在复杂的竞争环境中，必须认真分析竞争压力的来源，认清本企业在行业中的强项和弱项，在充分认清自己的基础上，对本行业加以研究，使本行业发展趋势中具有的机遇和危险清晰地显露出来。如何根据行业结构变化的趋势来提高企业的获利能力和发展方向，对于每一个快餐企业的发展都至关重要。根据哈佛商学院波特教授提出的行业结构分析的“五因素模型”，分析快餐行业结构，掌握快餐市场竞争态势和发展趋势，对于金德利竞争战略的选择、市场竞争力的提高将产生重要影响。

按照波特的“五因素模型”，一个行业存在着五种基本的竞争力量，即潜在的进入者、替代品的威胁、购买者的讨价还价能力、供应商的讨价还价能力以及现有竞争对手之间的抗衡。通过静态和动态两个方面，把供应商和购买者的讨价还价能力看作来自“纵向”的竞争，将另外三个竞争因素看作“横向”的竞争，如图 5.1 所示。

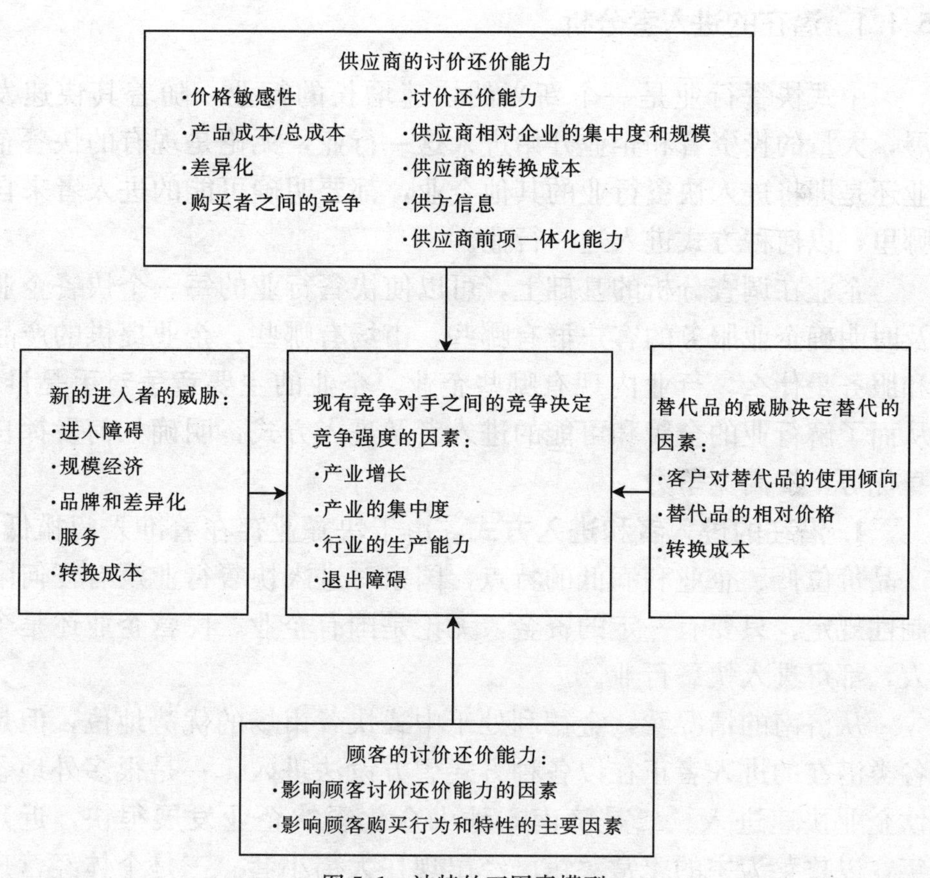

图 5.1　波特的五因素模型

这五种基本竞争力量的状况及其综合强度，决定着行业竞争激烈程度，同时也决定了行业的最终获利能力。在竞争比较激烈的行业，如快餐业、食品业和机械加工业的多数企业获利能力较低；而在竞争相对缓和的行业，许多企业获利丰厚。这说明了一个行业的获利能力和水平并非取决于其产品的外观或其技术含量的高低，而是取决于其结构特征。尽管产品技术含量很高，但如果一个行业面临的来自于五种竞争的压力很强，那么，这一行业的多数企业经营就会遇到很大的困难。

5.1.1 潜在的进入者分析

中式快餐行业是一个新兴的快速增长的行业，随着其快速发展，大量的投资者和企业开始进入这一行业，无论是现有的快餐企业还是即将进入快餐行业的其他企业，都要明确可能的进入者来自哪里，以何种方式进入这一行业。

企业在调查分析的基础上，可以使快餐行业的每一个快餐企业及时明确企业服务的客户群有哪些，市场有哪些，企业提供的产品和服务是什么，行业内现有哪些企业，企业的主要竞争对手是谁，从而了解行业的全貌和可能的进入者及进入方式，明确如何发挥自身优势，提高竞争力。

1. 潜在的进入者和进入方式。由于快餐业存在着准入门槛低、产品价位低、企业利润低的特点，国家对进入快餐行业没有任何限制性规定，只要有一定的资金，无论是国有企业、民营企业还是个人，都可进入快餐行业。

从济南的情况看，金德利处于中式快餐市场的优势地位，但是各类潜在的进入者正在以各种方式想方设法进入。一是很多外地餐饮企业快速进入。二是济南本地大众化餐饮企业发展很快，近几年，以鲁菜为主的家常菜馆已经出现在大街小巷。三是个体经营户不断涌现，以家庭式经营的小餐馆发展迅速。四是洋快餐继续在济南繁华地段扩大经营网点，抢占中高端市场。五是部分食品生产企业向下游产业链延伸，涉足餐饮行业。总之，部分投资者看好快餐行业是一个新兴产业，投资进入快餐行业；部分商业企业、超市也引进或直接参与快餐经营。已经进来和潜在的进入者都对金德利的发展产生了一定影响。

从全国情况看，尽管进入快餐行业的企业很多，但是真正做成品牌、成为具有一定影响和规模的快餐企业并不多，中式快餐行业仍是“春秋战国纷争”的时代，也是中式快餐快速发展和规范调整的时期。

2. 进入障碍。在快餐行业里，由于快餐业是一个新兴产业，发展潜力较大，必然吸引其他企业的注意，只要有新的对手进入快餐行业，都会以它的优势和实力带来大量的资源投入，与现有企业争夺市场份额，其结果必然引起价格下降，成本上升，导致企业的利润减少，甚至对现有企业的生存带来极大的威胁。而这些“新进入者”的威胁程度大小，取决于这个行业的进入壁垒保护程度和行业现有企业的反击能力大小。从当前快餐企业所能够设置的障碍分析，主要体现在规模经营、品牌和标准化上。

(1) 规模经营对进入者的影响。当一个企业的产量达到一定规模时，其规模经济效益就体现出来，采用规模经营会迫使新的进入者开始进入时就必须是大规模的生产，因而增加了投资风险。现有企业能以打价格战的优势，迫使新进入者在不具有价格优势的情况下，不敢贸然进入。规模经营还表现在一个企业的每一个职能环节之中，包括研究、开发、采购、生产、市场营销、售后服务及分销等方面。如采购环节，由于快餐行业主要以经营网点的扩大形成规模经营，一次性购买原材料数量较大，采购价格较低，共享了规模经济的效益。济南市场之所以还没有出现能与金德利抗衡的快餐品牌，主要是金德利的规模优势发挥了重要作用。目前进入济南市场的快餐品牌，主要是单品种经营，形成了与金德利的差异化竞争。

(2) 品牌和产品服务的标准化，成为影响新进入者的重要壁垒。国外快餐进入中国市场主要是品牌和产品服务的标准化，使得很多经营快餐的进入者难以模仿。目前部分中式快餐企业也形成了一定的品牌和规模，北京的马兰拉面、上海的利华快餐、广州的真功夫、深圳的面点王等，都已经成为具有较高知名度的区域和国内知名品牌，在一定区域内形成了行业的竞争优势。金德利在济南市场具有品牌和服务优势，对进入济南市场的快餐企业形成了区域性的行业进入障碍。但这种障碍随着国内快餐企业的发展，对规模企业和差异化经营的快餐品牌企业的影响在减弱，近几年一些国内知名品牌快速进入济南快餐市场就是具体体现。

5.1.2 竞争对手分析

随着快餐业的发展，进入快餐行业的企业不断增多，竞争也开始加剧，既有来自行业内部的竞争，也有来自行业外部的竞争。对竞争对手的研究和分析，不仅影响着企业的获利能力，而且也影响着企业发展战略的选择和制定。

1. 产品研发。作为快餐业，由于经营方式和服务对象不同，对产品的研发能力提出了不同要求。满足于市民一日三餐的快餐企业，主要是产品的多样化，给顾客以更大的选择余地。满足特定人群的快餐企业，产品少而精，突出产品的特色化。从整个快餐业来看，产品的研发创新不足，再加上快餐业人才的匮乏，产品的研发不能成为抗衡竞争对手的主要因素。金德利目前在产品研发创新方面仍然比较薄弱，与竞争对手相比，缺乏比较优势。

2. 采购成本。快餐业是一个利薄而原材料和劳动成本双高的行业，随着当前物价水平的不断提高，能否确立长期、稳固、质优而又价廉的供应商是能否在竞争中取得优势的重要因素。金德利目前还没有与供应商成为稳定的合作伙伴，对供应商的影响力和制约力还不够强，外协加工所占比例较低，集中采购、加工、配送的比例不高，重要原材料基地建设还没有形成规模，使其很难降低采购成本。这与竞争对手相比存在一定差距。

3. 服务手段。快餐业作为以服务为主的行业，随着人们生活水平的提高，人们在享受美食的同时，更加重视美食之外的服务。

服务水平、服务质量的高低，能否坚持“以人为本”的服务理念，通过产品向顾客提供优质的服务，将成为战胜竞争对手的重要因素。金德利集团在服务质量和服务水平方面与一些高档快餐企业相比还有不少差距，像味千拉面已经实现了餐前、餐中和餐后服务，金德利快餐店仍然以餐后服务为主。

4. 个性文化。快餐行业所提供的产品是有形的，而个性文化是无形的，分析竞争对手的个性与企业文化，特别是竞争者的组织结构、人员构成、管理模式、管理人员的个性等，有助于了解竞争对手的思维方式，有助于分析竞争者今后的发展趋势和采取的主要策略，以便及时制定竞争战略，在竞争中处于优势地位。金德利仍以解决就餐人员的温饱需求为主，就餐者在就餐中享受到的个性服务还不到位，文化氛围还不浓厚，文化的影响力还比较弱。金德利的个性文化能否得到创新和发展，将成为其提升竞争力的重要因素。

5.1.3　替代品威胁分析

随着人们收入的不断增长和消费者需求的多样化，快餐业的服务范围会更广，在满足消费者一日三餐的同时，必将形成低、中、高、休闲、娱乐等多层次多形式经营的格局，以满足社会各阶层人们的需要。随着人们饮食结构的不断变化，快餐将逐步成为人们饮食消费的主要形式。作为快餐的替代品，主要是各类休闲食品和高档营养品、小餐馆和大众化酒店式餐馆。休闲食品、营养品只是快餐食品的补充，而不会替代快餐食品；小餐馆和大众化酒店式餐馆，是快餐业的补充与延伸，将会替代快餐业的部分职能，对快餐业产生一定影响。

5.1.4　供应商分析

供应商是供应各种所需资源的工商企业和个人。快餐行业产品所需要的原材料全部来源于供应商，原材料成本占产品成本的比重较高，供应商的讨价还价能力对快餐行业的影响是非常巨大的。按照与供应商的对抗程度，供应商可以分为竞争对手的供应商和合作伙伴的供应商。

作为竞争对手的供应商主要体现在所需数量大、要求质量高的产品或专有产品上。在维持供应商关系的同时，企业必须采取以下措施，保证原料的有效供应。

1. 扩大供应商选择范围。随着社会经济的快速发展，快餐行业必须采取公开订购的方式，发挥自身规模优势，尽可能地扩大供应商范围，减弱每一个供应商的讨价还价能力，减少对任何一个供应商的过分依赖。规模越大的供应商对企业的制约能力越强。

2. 发挥行业优势。联合行业内的部分快餐企业，提高自身的讨价还价能力。

3. 寻求替代品。对于行业仅有的几个供应商，要积极寻求替代品，以减弱供应商的讨价还价能力。

4. 选择一些较小的供应商。使企业的购买成为供应商收入的重要组成部分，从而使企业处于有利的讨价还价地位。

为了保持企业的稳定发展和企业产品品质的稳定，企业要尽可能与供应商建立战略合作伙伴关系，通过谈判签订长期稳定的供应合同，减少和制约供应商向竞争者提供货物。对于影响企业产品质量的关键供应商，要加强与他们的沟通，让供应商了解企业客户的需求，促进供应商提供更好的产品和服务。对于供应成本较高的供应商，要分担供应商的风险，协助其改进生产工艺和流程，以降低成本，提高产品质量，实现双赢。只有合作是互惠的、长远的、相互信任的、成为共同目标时，才能获得双赢的结果。

目前像国际知名品牌的麦当劳在选择供应商时，一是实现了本土化，有利于降低供应成本；二是选择那些规模不是很大，但具有很好的开拓创新能力和发展潜能的供应商，有利于实现双方的合作与发展，建立起战略合作伙伴关系。这对金德利选择供应商具有很好的借鉴意义。

5.1.5　顾客分析

顾客是企业产品或服务的购买者，是企业服务的对象，也是快餐企业的上帝，分析顾客的购买行为及特点，尽可能地适应顾客的购买能力，是快餐企业成功经营的基础和前提。

1. 顾客的讨价还价能力。随着社会经济的发展，居民消费水平不断提高，法制水平也不断提高。同时快餐业竞争激烈，竞争对手增加使居民快餐消费的选择余地加大。这些因素在一定程度上提高了顾客的讨价还价能力，对企业的发展带来一定影响。

2. 顾客的购买行为。在顾客购买力一定的情况下，要巩固和扩大客户群，就必须分析顾客的购买行为和消费特性，以便了解顾客为什么选择某一产品或服务，是因为产品质量好、价格低、服务优还是卫生好、环境优雅。如果不能了解什么因素吸引了顾客，企业就不能采取更有效的策略来适应顾客需求，就会失去市场竞争优势。分析、掌握顾客的购买行为和特性对企业获得竞争优势具有重要影响。

目前金德利的经营模式，主要是满足市民的一日三餐，客户群以工薪阶层为主，价格对消费者影响比较大。随着市民消费水平的不断提高，金德利要通过了解顾客的购买行为，对顾客需求变化进行分析，从而明确顾客对产品质量、价格和环境的新要求；要明确企业需在哪些方面增进对顾客的了解，确定通过改进哪些产品或服务功能来满足顾客的需求；提出在产品质量、产品档次、服务水平、服务环境、花色品种、服务范围等方面的具体改进计划，围绕各部门的职能制定切实可行的措施；要通过企业经营结构的调整，发现潜在消费群或引导顾客消费，使企业的经营目标与顾客的消费需求相一致；要根据行业发展所应有的动态性影响，随着行业发展变化和市场情况的转变，对经营行为进行调整，努力使企业的资源和能力适应外部环境的变化和行业的发展趋势，实现企业经营与行业发展趋势的一致性，进而实现顾客对企业的依赖性，提高顾客对企业的忠诚度。

5.2 内部主要制约因素

5.2.1 体制机制问题

1. 产权结构需进一步优化，现代产业制度有待于健全。金德利集团公司内部各子公司改革改制，是在原有各粮食分局的基础上进行的，职工持股广泛而平均，类似于集资，难以达到股权激励的目的，产权结构也不尽合理，需要进一步优化。同时集团与子公司之间，以及各子公司之间，产权归属也不够清晰，不符合现代产权制度的要求，给企业运营带来了诸多不便。因此，金德利要做大做强，必须进一步优化产权结构，健全现代企业制度。

2. 分配体制有待于进一步建立健全。各种生产要素共同参与分配的体制还未形成，人们还习惯于按劳分配加按人头分配等带有平均主义“大锅饭”倾向的分配方式，一定程度上阻碍了企业的快速发展和改革的深化。

3. 法人治理结构还不够完善。目前，金德利集团和各子公司都建立了“三会一层”的法人治理架构，但是如何实现“三会一层”的有效制衡，充分发挥好各个层面的作用，还需不断地探索和研究。

4. 董事会的作用没有得到充分发挥。董事会是企业的决策机构。虽然金德利集团建立了董事会议事规则，但是还没有真正建立起规范的行之有效的董事会运作方式，对于一些有关企业长远发展和各子公司重大事项的问题，不能够充分发挥董事会的作用，提高议事决策的效率。同时，对董事会决议的执行和贯彻缺少制约和监督手段，因此，董事会的决策力、凝聚力和协调力的作用还发挥得不够。

5. 激励约束机制还不健全。

（1）目前，金德利集团的激励约束机制，主要是经济目标激励机制。集团对各子公司的考核激励机制已比较健全和规范，但各子公司对基层快餐店的激励考核机制，由于受多方面因素的影响，还不够全面、科学，特别是在考核和监督方面还不够规范严格，激励约束的作用还发挥得不够。

（2）各子公司之间由于成立的基础、国有资产的占有、企业营利能力和原有负担差距较大，即使是严格按照目标进行激励兑现，也很难做到效率优先、兼顾公平。

（3）子公司对其所属的管理人员的激励约束机制既不健全也不规范，影响了基层管理人员积极性的充分发挥。

5.2.2　产品问题

1. 产品标准还不规范、标准化程度不高。产品标准是科研技术人员在反复试制的基础上制定的达到最佳效果的产品配方和生产工艺要求。目前金德利制定的产品标准，只涉及到生产产品原料的比例和数量，缺少对操作工艺的要求。产品标准除产品的规格、数量、配比外还应包括材料要求、环境要求、工艺要求、设施要求等内容。由于产品标准的简单化，可操作性不强，造成相同的原材料按照同样的标准，生产出不同品质产品的现象发生。

2. 标准的执行力度不够，缺乏有效的监督检查机制。由于统一采购、配送的比例较低，产品生产的工业化水平低，使产品标准执行的难度大大增加；由于考核机制不完善，快餐店在追求过高的毛利率过程中忽视了标准的执行，甚至变相地变更标准；由于缺乏有效的监督检查机制，监督检查不规范、不经常、不到位，降低了标准的执行力度。

3. 产品创新不足。产品是企业赖以生存的基础，没有产品创新和产品的更新换代，企业就会缺乏活力，企业就没有生命力，餐饮企业更是如此。目前金德利集团和各子公司还没有自己的研发中心，各快餐店成了产品创新的主体，难以形成具有自主创新和自主知识产权的核心产品。

4. 工业化水平还不高。目前无论是配送公司产品的生产还是快餐店的产品生产，仍以半机械化和手工生产为主，只有个别产品实现了工业化生产。这与企业发展的需要和现代快餐的要求还有很大差距。

5.2.3 服务问题

1. 服务意识有待于增强。服务是餐饮业的核心。目前，金德利的服务质量和水平还不够高，服务的意识还不强，存在着重产品质量、轻服务质量的现象。服务标准还没有成为每一位员工的自觉行动。

2. 服务标准有待于健全。近两年，特别是集团公司成立后，金德利注重了服务标准的制定，加强了对员工的服务培训，服务水平有了新的提高。但从制定的服务标准来看，内容还不够细致、统一，要求还不够高，可操作性还不够强。

3. 服务水平有待于提高。目前由于金德利员工的劳动强度比较大，工作时间比较长，再加上服务培训还不够规范，服务的执行力和约束力还不够强，仍然存在着服务不到位的现象，服务质量和水平有待于进一步提高。

5.2.4 人力资源问题

1. 缺少人力资源规划。虽然金德利各子公司都设有人力资源部，但是还没有很好地发挥人力资源管理的作用，特别是在人力资源的规划方面，差距还比较大，还没有形成一套完整的人力资源发展规划。当员工进入金德利集团以后，还不能根据企业的人力资源规划和人员培训计划，来设计员工个人的职业生涯，员工个人职业的成长目标不明确。因此，致使部分员工还不能树立以企为家、以企为荣的思想，既影响了员工的发展，更影响到企业的发展。

2. 人才结构不合理。金德利作为老国有企业，由于历史的原因，企业老职工多，管理人员多，不在岗人员多，包袱重。而企业真正需要的人才不足，专业技术人才较少，懂经营、会管理的人缺乏，人员结构不够合理。

3. 培训机制还不健全。目前金德利集团公司虽已经形成了三级培训体系，即集团公司培训、子公司培训和快餐店培训。但是由于没有统一的培训计划和制度，存在着重复培训、培训内容不统一、培训水平不高、培训效果不突出的现象。没有把个人成长与企业发展需要结合起来，尚未形成自我培训、岗位培训、定期培训和长期培训相结合的机制，培训的资源未实现有效整合，致使培训的效果不明显。

4. 人才晋升机制还不健全。金德利集团没有形成一套完整的人才流动、晋升机制，不利于人才的脱颖而出，影响了有能力的人才及时得到晋升、提拔和重用。人员的轮岗与交流不够及时，影响了一些人才的培养和使用。

5. 薪酬和激励机制仍需完善。吸引、留住人才靠什么？靠感情、事业，还要靠待遇。一方面是由于劳动强度大，劳动时间长；更重要的一方面是职工收入比较低，激励机制不完善，这是影响金德利人力资源建设的两个重要因素。尽管金德利集团成立后在薪酬和激励方面实现了很大突破，特别是在领导层已经建立了具有一定激励和约束作用的薪酬管理制度，对于调动各子公司的积极性发挥了重要作用。但是在各子公司和快餐店内部还没有建立起具有较强激励约束作用的薪酬管理制度，激励机制的作用还没有充分发挥出来。

5.2.5 经营模式问题

1. 连锁经营模式还不够完善。金德利作为多品种中式快餐企业，虽然在连锁经营方面进行了一些有益探索，但还没有形成完善的连锁经营模式，在生产、加工、配送、店面管控等方面还没有形成一套完整的体系。

从当前快餐业连锁发展模式来看，主要分为单品种连锁经营模式和多品种连锁经营模式。由于单品种连锁经营模式产品比较单一，易实施标准化经营，发展比较快。金德利作为多品种连锁经营模式，主要以直营连锁为主，经营方式主要是以现场加工、手工操作为主，以满足市民一日三餐的大众化快餐为主。还没有形成规范统一、管控有力、可复制性强的连锁经营模式，一定程度上影响了企业发展的质量、速度和规模。

2. 加盟连锁模式还不成熟。尽管金德利在发展过程中对加盟连锁进行了一些探索，积累了一些经验，但是目前还没有形成一套完整的加盟连锁运营模式，在核心技术控制、配送管理、运营管理、加盟区域化推广等方面还没有形成成熟的路子，决定了金德利目前和今后一段时间都将以直营连锁为主。

5.2.6 信息化问题

1. 信息化理念还比较落后。信息化是企业进行管控最有效的手段之一，没有信息化作为支撑，企业难以实现持续快速发展。企业现代信息化的主要功能是利用现代信息技术，通过对基础数据的收集、整理、归纳、分析，推进企业现金流、物流和信息流的快速有效运转，为经营者决策提供准确、科学、完整的依据，对企业降低成本、提高效率、优化运营管理、提高决策水平、减少决策失误等具有重要意义。目前，由于金德利缺乏信息化发展方面的人才，对信息化在企业经营中的作用认识不足，仅仅把信息化作为提高收银速度、减少记账程序的手段，没有把信息化作为实施有效管控的重要手段和推进可持续发展的重要手段来认识，致使企业的信息化发展水平还不够高。

2. 资金投入不够。信息化是一个庞大的系统，既要靠强大的硬件作平台，又必须要靠先进的软件作支撑。尽管金德利公司在信息化方面起步比较早，几年前就开发了金德利 IC 就餐卡，部分快餐店还改进了手工数据输入。但是，整体来看，信息化水平比较低，突出表现在投入不足。一是对信息化人才引进比较少；二是对信息化硬件投入严重不足，还没有建立自己的信息中心，很多财务、统计仍是手工操作，信息化设备比较少；三是缺乏对信息化软件的开发，如金德利就餐卡自开发以来，多年都没有改进，已处于比较落后的状况。金德利作为快餐连锁企业，随着规模的不断壮大，加快实施信息化运营管理越来越迫切，若没有大的投资，信息化仍只能是纸上谈兵，得不到应用和发展，加大对信息化的投入已是企业提升运营水平的迫切要求。

5.2.7 核心竞争力问题

1. 对核心竞争力的认识还不到位。一个企业的成功，不在于企业能否实现快速发展，而在于企业能否实现基业常青，实现可持续发展。而实现可持续发展主要靠的是企业的核心竞争力。由于金德利对支撑和促进企业可持续发展的内在动力认识还不到位，不能发挥其核心竞争优势，给企业可持续发展带来了不利影响。

2. 核心竞争力还不突出。一是产品的标准化程度还不够高；二是品牌的影响力还不够大；三是管控能力还不够强；四是产品生产的工业化水平还不够高；五是人力资本的作用发挥的还不够；六是信息化水平还不够高；七是企业文化的影响力还不够大等。由于以上因素的影响，致使金德利的核心竞争力还不够突出。

第 6 章　发展战略

6.1　制定金德利发展战略的意义

6.1.1　企业发展战略是一个极其重要的问题

企业发展战略就是企业发展的方略和策略，以及企业经营活动所采取的方式方法和手段。企业发展战略实际上就是企业的行动纲领。按照魏杰教授的观点，企业发展战略的重要性主要体现在以下几个方面。

1. 企业发展战略是决定企业成败的关键。企业能否实现快速、持续发展的目标，关键在于企业发展战略的选择是否合理、是否科学。如果发展战略选择不适合企业的主客观实际，或者企业发展战略选择得当但不能一以贯之地得到实施，那么，企业的发展就会出现重大偏差和失误，甚至会走向消亡。改革开放以来，在计划经济逐渐向市场经济过渡的过程中，在企业追求规模扩张和快速发展的过程中，一些企业出现了大问题，甚至破产倒闭，其原因就是发展战略出了问题，更有甚者一些企业根本就没有发展战略。因此，企业发展战略是决定企业成败的关键，同时也是企业做大做久的基础。

2. 企业发展战略是企业实现自身目标的前提条件。企业为了实现自己生存、盈利、发展的理性目标，就必须要选择好发展战略。发展战略如果选择不好，企业的目标就难以实现。目标依赖于战略，战略服务于目标，这是贯穿于企业发展过程的一个重要规律，因而企业发展战略是企业目标得以实现的重要保证。那些能够有效实现自己理性目标的企业，往往是发展战略选择比较科学的企业，而那些难以实现自己理性目标的企业，则往往是进行了不正确的战略选择。

3. 企业发展战略是企业充满活力的有效保证。企业具有活力的一个关键因素就是要有效地发挥自己的比较优势，而比较优势的发挥则在于自己对战略的选择，即在发展战略中充分体现自己的比较优势。一个企业有什么样的比较优势，在经营战略中就应当充分体现自己的比较优势。如果一个企业选择了不能体现自己比较优势的发展战略，那么这个企业最终会破产倒闭，根本谈不到什么长久高效发展。

由此可见，发展战略的选择，实际上是企业对自己比较优势的选择，只有比较优势选择好了，企业才能充满活力，因而我们说发展战略是企业活力的有效保障。

4. 企业发展战略是企业的行动纲领。企业领导者按什么准则来安排企业的日常经营活动，只能是依靠企业的发展战略。企业的全部经营活动必须要服从于自身的发展战略，不能随意更改企业已经制定的发展战略。如果企业没有一个作为行动纲领的发展战略，就会出现企业领导者拍脑瓜，随意开展企业的经营活动，使企业经营活动失去准确的固定的目标，没有良好的约束。因此，企业只有具备了一个很好的发展战略，才能使企业所有人都能按照发展战略安排自己的经营活动，才能保证企业既充满活力，又能有序发展。正是从这个意义上讲，企业发展战略是企业的行动纲领。

总之，企业发展战略的制定，是关系到企业持续高效发展的一个极其重要的问题。发展战略的选择，直接涉及到企业的成败，决定企业的兴衰。因此，无论是研究企业的人，还是经营企业的人，都应该对企业发展战略问题进行全面而深刻地研究和把握。

6.1.2　快餐行业的发展要求金德利必须制定发展战略

改革开放以来，我国餐饮业经历了起步发展、数量增加、规模连锁、品牌提升四个发展阶段，餐饮企业积累了一定的市场运作经验，管理水平不断提高，品牌意识逐渐增强。餐饮业的发展运用现代科技，促进管理的现代化，经营水平不断提高，呈现出投资主体多元化、经营业态多样化、经营模式连锁化的特点。近几年，中央在政府工作报告中多次提到要促进消费，明确提出要调整投资和消费的比例关系，坚持扩大内需方针，重点扩大消费需求。同时为了保证消费增长的健康有序进行，提出要深化收入分配制度改革，缓解收入差距扩大的矛盾，有效增加消费需求。各级地方政府认真贯彻落实中央有关政策，积极采取措施，大力促进消费增长，为餐饮业的发展提供了较好的政策支持。随着对外开放的扩大和经济持续稳定增长，城乡居民收入增加，生活水平不断提高，我国餐饮业迎来了快速发展的黄金时期。快餐业是近年来发展速度最快、最受群众欢迎、最受各级政府政策支持的大众化餐饮行业，其快速可持续发展必然要有一个切实可行的行动纲领——发展战略来指引。

6.1.3 金德利自身的发展要求其必须制定发展战略

历经十多年的打拼，金德利从起步、快速成长、到一定程度上的规模发展，实际上已经迈入了一个发展的关键时期。目前，虽然金德利积累了丰富的市场经验，在一定区域内有了稳定发展的良好势头，但如何实现做大、做强、做久的长远目标，实际上金德利正面临着战略目标和战略措施的瓶颈制约。

在竞争日趋激烈、利润逐渐摊薄的快餐行业，规模决定着效益。金德利如何扩张规模，在每一个发展阶段应达到什么样的规模？随着规模的扩张，赖以生存的连锁体系如何完善？区域化品牌向全国品牌、国际化品牌迈进的路子很长，如何一步一个脚印地去实现？建百年老店需要什么样的企业文化、企业精神去延续和支撑？企业的改革、经营模式创新、工业化的推进、科学化管理体系的建立如何实现？这一系列问题都是金德利当前发展阶段正在面临和迫切需要解决的问题。

制定发展战略已经成为金德利自身发展的客观要求。

6.2　制定金德利发展战略的原则

6.2.1　可持续发展原则

金德利是由原国有粮食供应企业改革改制而发展起来的规模较大的中式快餐连锁经营企业，除仍肩负着济南市粮食安全的应急供应网点和居民厨房工程的职责外，其产品和服务与老百姓的日常生活息息相关。不论从其自身状况还是从其目标市场要求来看，都需要其可持续发展，因此在制定发展战略时，以及在企业的经营过程中，都必须充分考虑到可持续发展的问题。特别是企业规模扩张的速度，扩张的方式，企业投资、分配、积累之间的关系等问题，都要按照可持续发展的要求处理好。既要看到眼前利益，更要考虑长远利益，不能因为图一时的快速发展，而损害市场、失去信誉或造成资金链断接或风险处置不及时、不恰当，进而无法可持续发展。

可持续发展要求企业要做到一长四短，即企业寿命要长，但是技术、产品、体制、产业这四个方面的周期要短，最好是不断替代，替代越快证明企业越有发展的活力。因此，金德利要不断推进技术替代、产品替代、体制替代、产业替代，特别是技术替代和产品替代，速度越快越好，只有这样，才真正具有发展潜力，真正实现可持续发展。

6.2.2　以人为本原则

金德利作为一个劳动密集型企业，其目标市场涉及千家万户，因此，金德利的经营及其战略制定，要充分考虑人的因素，要始终坚持以人为本的原则。

1. 金德利的发展要同职工的切身利益紧密联系在一起。在企业改革发展过程中，要充分考虑到员工的利益，使企业员工随着企业的发展而发展，使员工的利益随着企业的发展而不断得到满足。要创造有利于员工发展、激励员工在实现企业价值的同时努力实现自我价值的环境，建立培养人才、引进人才、选拔人才、使用人才的良好机制，使优秀人才不断脱颖而出，充分调动每一位员工的积极性，使每一位员工的心与金德利的事业紧紧连在一起，在实现组织目标的基础上，实现个人与企业的共同发展。

2. 金德利在制定战略和经营发展过程中，要充分考虑目标客户群体的需要。在网点布局、产品创新、服务方式、经营模式等方面，要充分考虑到客户群体的需要，要随着人们生活水平的提高而提高，生活方式的改变而改变。要根据不同区域、不同档次的客户要求，提供不同的产品和服务，选择不同的经营模式。总之，全方位满足不同客户群体不断变化的需求，才能实现金德利的可持续发展。

6.2.3 量力而行原则

企业发展战略的制定必须要考虑企业的承受能力问题，即量力而行。在一定时期内，企业在人、财、物、体制等方面是有承受能力的限度的。发展战略千万不能超过企业的承受能力，否则，就不是一个好的战略。一个企业战略制定得很辉煌，但企业根本承受不了，这种战略只能加速企业的消亡，而不会保持企业的快速发展，更不用说可持续发展。

因此，金德利发展战略必须坚持量力而行的原则，其改革的推进速度、规模的扩张速度、分配、投资、积累等关系的处理及重大问题的决策，一定要充分考虑其承受能力。要用历史的、联系的、可持续的、实事求是的观点来思考和处理这一问题，不能超越承受能力来讲企业的体制、机制有问题，企业的发展战略必须服从于企业的承受能力。这一点与企业的可持续发展原则是一个问题的两个方面，都是必须严格遵守的。

6.2.4　比较优势原则

在制定企业发展战略时，一定要分析其比较优势在哪里，一定要把比较优势搞清楚。如果对企业的比较优势都搞不明白，那么，最后制定出来的企业发展战略，根本就不可能是一个好的战略。在这里，我们强调的不是企业的绝对优势，而是企业的相对优势，即我们与别人相比，优势在哪里，这也是我们的核心竞争力之所在。

金德利发展战略，一定要对其比较优势进行深入地分析，把握清楚，比如其定位优势、网点优势、产品优势等。在此基础上制定出的发展战略，才能避免盲目跟风经营，盲目崇拜洋快餐，进而充分发挥自身优势，不断增强其核心竞争力。

6.2.5　流动性原则

流动性问题是企业制定发展战略必须考虑的问题，企业的流动性太差，往往会出现问题。因为企业的流动性差，其防风险的能力就很差。企业突然破产倒闭，问题往往不是出在规模大小上，而是流动性上。因此，金德利要充分考虑、严格遵守流动性原则，既要注重规模效益，又要注重流动性的状况；既要注重现金量的状况，更要重视现金流动的速度和效用。只有这样，才能有条不紊地应对风险，实现企业的持续快速发展。

6.2.6　规模经济原则

企业发展战略的制定，一定要考虑规模经济的问题。如果不考虑规模经济的要求，不按照规模经济要求的生产能力而制定发展战略，那么这个企业的战略可能是失误的，不可能产生积极的影响。我们国家很多企业，在发展过程中经常出现亏损等问题，甚至破产倒闭，一个重要原因就是其规模不经济。

因此，按照规模经济原则的要求，金德利要充分发挥其现有规模优势，不但要实施总体规模扩张，而且要实施区域性规模扩张，使其绝对规模优势和相对规模优势都能得到较好发挥。

6.2.7 务本性原则

所谓务本性原则，即企业在发展战略的设计上不能离开企业这两字，要对企业非经营目标加以限制。企业为了一定的经营环境和企业形象，尽一定的社会责任和义务无可厚非，但是过分的政治热情和个人情节，往往会影响企业经营目标的实现。最好是实现企业目标与非企业目标的有效组合。

金德利是由计划经济时的老国有粮食供应企业发展而来的，习惯于行政命令，并有较高的政治热情和社会责任感，现在仍肩负着居民厨房工程和社会化大众快餐的社会责任，这就更要时刻注重务本性原则。要紧紧盯住企业自身目标不放松。因为只有企业目标得到较好地实现，企业实力得到增强，才有能力更好完成非企业目标，更好地尽到社会责任。同时，追求必要的非企业目标，也一定要围绕如何更好推进企业目标实现来进行。

6.2.8 动态性原则

动态性原则是指企业发展战略设计中一定要对未来整个企业的发展环境以及企业内部本身的一些变革要有科学的预期性，就是对未来的预期要搞清楚。如果企业的战略刚刚制定出来就马上修改，只能说明在制定发展战略时没有考虑到动态性问题。如果没有科学的预期性，那么企业就不可能可持续发展。当然在强调预期的同时，也要强调企业的动态发展，在总的战略规划大体正确的前提下，根据变化了的企业内外部情况，作一些战略调整也是应该的。这种调整是小部分的调整而不是整个战略的调整，这就要求坚守动态性原则。

因此，金德利在制定战略过程中，要按照动态性原则的要求，对未来整个企业的发展环境和企业内部本身的一些变革有科学的预期，同时在战略执行过程中，面对变化了的实际情况，可作必要的部分调整，但一定要坚守动态性原则。

6.3　战略目标

6.3.1　创建国内中式快餐一流品牌企业

金德利经过十几年的努力经营，已进入中国百强餐饮企业、中国快餐十佳品牌企业行列，已成为省内和中国粮食行业内第一快餐品牌企业。但是目前金德利还仅仅是区域品牌，无论其规模扩张能力、企业创新能力、经营管理水平，还是其市场开拓能力、客户忠诚度等，都与一流品牌企业的要求存在着较大差距。因此，金德利要通过大力实施品牌战略，强化企业经营管理，提高市场开拓能力，为客户提供更优、更好的产品和服务，塑造企业良好的形象，不断扩大其品牌影响力，实现创一流品牌的战略目标。

6.3.2　构建国内网点最多、品种最全、规模最大的中式快餐企业

金德利就其产品品种来说，算得上目前中式快餐最齐全的快餐企业，但是其产品的工业化、标准化程度低，这在一定程度上影响了其连锁管控力度和品牌扩张速度。因此，金德利要强化规模扩张战略的实施，以工业化生产为依托，以直营连锁为基础，直营连锁与特许加盟连锁相结合，以品种多样化、系列化、大众化、风味化和本土化为保证，以投资主体多元化和分配方式多样化为动力，努力构建国内网点最多、品种最全、规模最大的中式快餐企业。

6.3.3　实现可持续发展，建百年老店

金德利经过这些年的改革发展，初步建立起了现代企业制度，

探索出了一条快餐连锁发展之路，形成了具有自身特色的企业文化，但是与企业可持续发展的要求相比，其现代企业制度建设还不够完善，其企业文化还没有成为企业的突出优势，其连锁管控能力还存在不少问题。

因此，金德利要进一步完善现代企业制度，强化企业文化建设，植根于源远流长和博大精深的中华餐饮文化，在继承、发扬传统餐饮文化的同时努力创新独具特色的快餐文化，做大品牌，做强企业，做好产品，做优服务，打造百年老店。

6.4 战略选择

金德利经过十余年的发展和几次重大的战略调整，已经进入了一个稳步、快速发展的新的阶段。要确保其在今后一个较长的时期内继续保持稳定、健康、可持续发展的态势，就必须确定今后的发展战略。从目前的现状看，金德利仍处于规模化、标准化、连锁化、科学化发展的初期，要实现全面、协调、可持续发展，制定和推进标准化战略、品牌战略、规模膨胀战略、产品战略、人力资源战略、信息化战略和企业文化战略，是金德利实现长远目标的必然要求。

6.4.1 标准化战略

1. 标准化一直是中式快餐发展的制约瓶颈。近年来，西式快餐之所以在中国得到了较快发展，得益于其标准化程度高。不论是西式快餐的生产经营、管理服务还是市场开拓，都形成了非常统一的标准化运作模式。与之相比，虽然近年来中式快餐发展速度也非常快，但与西式快餐企业相比还有较大差距，特别是在市场开拓方面，中式快餐业的规模膨胀还较慢，最重要的制约瓶颈就是标准化程度还不够高，不能形成较快的复制速度。因此，推进标准化发展，仍将是中式快餐不断加强和完善的重要基础性工作。

2. 实施标准化是企业规模化和连锁化发展的基础和前提。据业内专家指出，快餐业发展的趋势是标准化、工厂化、规模化和科学化，面对快餐市场的竞争与挑战，中式快餐企业要实现快速发展，发挥规模效益，必须走连锁经营的发展途径。而连锁规模经营需要依托标准化操作、工厂化生产、规模化经营和科学化管理的保证。提高企业的标准化水平，才能确保企业产品品质的稳定和管理水平的提高，才能被消费者长期认可，推进企业规模化连锁发展。金德利作为多品种经营的快餐企业，要加快规模扩张和提升科学化管控能力，就必须不断地提高企业的标准化程度。

3. 实施标准化战略是快餐业的发展趋势。标准化的提升不是一劳永逸的事情，是企业不断追求的目标和方向。中式快餐的主要特点是产品丰富，制作工艺复杂，人为因素对产品质量的影响较大，因而造成了中式快餐企业产品质量不稳、服务不够规范、店面之间差距较大等问题，制约了中式快餐企业的快速发展。目前，从国内快餐企业发展趋势来看，无论是单品种快餐企业还是多品种快餐企业，都把提高企业的标准化程度，作为加快发展的重要举措。标准化程度的高低，不同程度地影响和制约着中式快餐的发展。

随着金德利规模的不断壮大，金德利要发挥规模效益，必须以标准化经营为方向，依托标准化操作、工厂化生产、规模化经营和科学化管理，加快提升企业产品的标准化和生产的工业化水平，发挥标准化在稳定和提高产品品质、推进管理科学化中所起的重要作用。集中采购、工厂化生产、统一配送、规范化管理是企业标准化发展的必然选择，产品集中采购配送是降低经营成本和保证经营稳定增长的主要手段，注重品种和经营管理的标准与稳定控制是企业扩张和走向规模化的前提。在企业的标准化建设中，要量力而行，讲求实效，根据金德利的发展现状和模式，探索建立集中统一的加工配送公司或中心厨房，逐步建立集采购、加工、配送、物流于一体的配销中心，防止重复建设和规模不经济。在企业标准化建设中，应坚持产学研联合引进与自主创新相结合、科技创新与科学化管理相统一，通过不断的积累，稳步推进，逐步提高企业生产、管理及产品、服务的标准化程度。

6.4.2 品牌战略

1. 品牌是企业存在和发展的形象标识。所谓品牌有两方面的含义，一方面品牌是一个组织或个人的名字、术语、记号、象征或设计，是人们区别不同商品服务的标签。另一方面品牌反映着公众对组织及其产品服务的认识和印象。品牌已经成为企业的代名词，品牌知名度和影响力的大小，直接影响和制约着企业的发展。好的品牌会推动企业的快速发展，没有品牌的企业是没有生命力的。在当今市场品牌消费时代，品牌形象远比产品和服务本身更重要。

2. 品牌对企业发展的影响越来越大。一个知名度高的品牌，反映着消费者的高认知度和高忠诚度。一个好的品牌，代表着为消费者提供了质量、价值和产品满意方面的保证，直接影响着消费者的消费取向。据已有的市场调查资料表明，“认牌消费”已经成为一种普遍的消费现象，品牌在帮助消费者消费上具有明显的效用。因而，品牌对于企业的发展具有重要的推动作用。一是品牌有利于扩大和形成特有的消费群体，带动企业的经营。二是品牌有利于提高企业溢价收入，同一产品不同知名度和影响力的品牌，其产品价格是不同的。品牌影响着消费者的购买行为，也会给企业带来增值收益。三是品牌能够降低企业的营销成本。一个品牌一旦被认可，就会使消费者形成较高的忠诚度，从而扩大购买需求。特别是餐饮服务业更是如此，像肯德基、麦当劳，其消费群体主要是少年儿童等顾客，据有关资料表明，吸引一个新顾客比保住一个老顾客要花费5倍的营销费用。

3. 品牌已成为企业核心竞争力的重要内容。在当前日益激烈的市场竞争中，品牌的影响力越来越大。品牌是企业综合实力的体现，是企业内在价值的表现，是企业在消费者心目中的印象和形象，是其他企业难以模仿的东西。随着企业品牌影响力的提高，就会形成市场的高认知度和美誉度，就会被市场所认可，成为竞争对手难以比拟的竞争力，从而成为企业加快发展的核心竞争力。

4. 品牌是企业实现可持续发展的重要保证。品牌是企业长期发展的积累与沉淀，是社会对企业的认可，是企业实力和形象的对外表现。一个好的品牌将会影响一代或几代人，成为企业长久发展的重要资源和内在动力。金德利经过十余年的积累发展，形成了行业内和区域内具有较大影响力的品牌。但总体来看，金德利品牌的影响力还不够大，范围还比较小。其影响力仍局限于济南市及周边城市，对省内的边远城市和省外城市的影响力还较小，品牌的知名度和影响力还不高，使企业对外发展受到了很大制约。

5. 实施品牌战略，拓展发展空间。所谓品牌战略，就是指企业通过品牌来开拓和争夺市场。目前，金德利还不是国内外知名品牌，要成为在国内外具有较大影响力的快餐品牌还有很长的路要走。金德利要在激烈的快餐市场竞争中占有一定份额，强化品牌战略应成为其必然选择。

（1）让员工以企业的品牌为荣，使企业品牌意识同员工的个人行为相一致。企业品牌是企业产品、质量、服务、管理以及消费者的美誉度、忠诚度的集合体，是每一个员工通过自身劳动共同创造出来的。企业要让每一位员工能够亲身感觉到品牌对企业和员工的影响，从而使每一位员工自觉维护品牌的形象，主动为品牌的传播和扩大影响努力，实现个人形象与企业品牌形象的一致。

（2）提高金德利品牌档次。品牌有三个档次，即产品品牌、产业品牌、企业品牌。对企业来讲最好是品牌的档次要不断地提高，因为只有这样，企业才能更好地开拓和争夺市场。金德利目前正处于产品品牌和产业品牌阶段，开拓市场的能力还远远不够。因此，金德利要不断创建产品品牌，不断由产品品牌提升为产业品牌，进而形成具有强大市场竞争力的企业品牌。

（3）充分利用金德利品牌效应。在品牌战略中要对金德利品牌高强度使用，要真正把金德利品牌效应提高到最高使用率，把品牌效应发挥到最大程度。要准确估计自己的品牌实力，既不能夸大，也不能信心不足，要充分利用金德利品牌在消费者中的地位和影响力。如果金德利不能及时而充分利用其现有品牌的效用，使其品牌价值升值，扩大市场份额，就可能承担其品牌市场份额被侵占的风险。

（4）积极推进企业多品牌发展。金德利作为大众化快餐品牌，随着快餐市场的快速发展，市场定位更加细化，已经形成了中高低端市场，形成了不同的消费群体。金德利仅靠现有的一种模式已经不能满足市场发展的需求，必须对市场重新进行定位，利用不同的品牌和模式来适应市场的变化，积极推进多品牌发展。目前金德利已经开始新的品牌和新的模式的探索，这对于金德利的可持续发展将具有重要而深远的影响。

（5）加快推进金德利区域品牌向国内外知名品牌的发展。当前国内外快餐企业迅速发展，国外品牌加快对国内市场的抢占速度，国内一些企业也加大了对外扩张的力度，同时一些国内企业同国外企业的合作步伐也在加快，形成了国外品牌与国内品牌同时快速发展的局面。前几年的济南市场，除了肯德基、麦当劳进入之外，其他品牌进入得很少，但是近几年来，一大批国内外知名品牌的快餐企业蜂拥而至，特别是济南中高端快餐市场，外地品牌的占有率已远远高于金德利在这一领域的占有率。金德利如何实现快速发展，提升品牌，已是摆在企业面前的当务之急。因此，只有在继续巩固济南市场的基础上，加快对外扩张，金德利品牌才能获得广阔的发展空间。

（6）积极推进品牌营销。品牌营销是品牌知名度提升的重要手段。一是继续依托门店，通过优质的产品、优良的服务、优美的环境、醒目的标识来扩大品牌知名度。二是主动通过新闻媒体和切实可行的广告来扩大金德利品牌的影响。三是针对目标市场，开展有特色的宣传活动，扩大品牌影响力。四是积极参与社会公益活动，树立金德利良好的社会形象。

6.4.3 规模扩张战略

1. 快餐企业的规模大小决定着企业的生存状况。从经济学的角度看，每个企业都有一个规模经济问题，达不到经济规模，企业就难以持续健康发展，快餐行业也不例外。从目前中国的快餐业发展来看，快餐业已是个微利行业，单店经营方式已很难生存和发展。据有关资料显示，北京市场每年餐饮企业的淘汰率都在20%以上，一些国外快餐企业进入中国市场，都经历了由亏损到规模经营再到盈利的过程。金德利也同样经历了这个过程。研究表明，快餐连锁企业达到200家以上将会进入一个新的规模经营期，也将是一个重要的经济规模瓶颈，能否冲破这个瓶颈实现企业的新发展，对企业将是重要的考验。

2. 企业规模是提高企业市场竞争力的基础。金德利之所以能够生存并发展，一个重要的因素就是金德利具备了一定规模，但与国内外一些大的快餐企业相比，规模还不够大。肯德基在国内已经有2 000多家快餐店，真功夫、永和豆浆、大娘水饺也都达到了数百家，他们在市场中的占有率越来越高，竞争力也越来越强。目前，金德利由于规模还较小，盈利水平比较低，资本实力也不够大，致使企业的发展速度不够快，特别是市场的覆盖面还比较小，占有率也不高。因此，金德利要实施规模扩张战略，筑牢市场竞争基础。

3. 市场消费需求促使企业要加快规模膨胀。目前金德利在济南的网点数已有100余家，但与市场的需求还有较大差距，还有很多地区，特别是一些繁华地区和社区还没有金德利快餐店，市场的空白点还很多。在省内其他城市，金德利的市场份额很小，还有很多城市仍然是空白。近两年来，来金德利参观考察和寻求合作的单位、个人很多，都希望金德利能尽快开发其他市场，进入其他城市。面对日益扩大的市场需求，金德利只有不断提升自身的运营水平，尽快壮大企业规模，提高市场占有率，才能满足市场的需求。

4. 选择科学的发展模式，推进金德利规模稳定扩张。规模扩张发展既是渐进的过程，也是长久的事业。从金德利公司多年的发展过程看，壮大企业规模，必须实施连锁经营，必须依据自身的实力和条件来决定企业发展速度、规模。规模扩张要以建立严格的高水平的管理支撑体系为基础，以连锁、经营、产业化发展为途径。连锁经营，应以直营为主体，打牢基础，把连锁直营与特许加盟有机结合起来。企业发展要树立做大先要做优、做强才能持久的理念，以确保实现规模效应，促进连锁经营的健康规范发展。

（1）坚持效益优先、速度适当、稳步扩张的思路。正确的发展思路，决定着企业的健康发展。坚持效益优先，就是在为社会提供服务的同时，实现合理的投资回报。没有一定的回报和积累，企业是难以持久发展的。适当速度，就是根据企业实际，在企业条件允许的基础上，实现较快发展。没有速度，企业就会被淘汰。速度过快，又往往欲速则不达。必须处理好企业发展速度与发展质量的关系，既要克服拔苗助长，又要防止徘徊不前。稳步发展就是结合企业的实际，根据行业发展的趋势，使企业保持一个持续的稳步发展的态势。当然，在条件成熟的前提下，需要加速发展时就要加速发展。

（2）直营连锁是当前和今后一个时期发展的主要形式。当一个连锁经营企业的核心竞争力还不够突出的时候，发展直营连锁是企业的最佳选择。从近几年来国内外一些知名快餐企业走过的路可以看出，盲目的发展加盟店，将会加大企业的管理难度，减弱企业的控制力，甚至影响到企业的生命力。金德利的管理目前还不够规范、科学，管控能力不够强，特许加盟模式还不够成熟，因此，发展直营连锁将是金德利长期坚持的规模扩张模式。

（3）坚持直营与加盟连锁的有机结合，稳步发展加盟连锁。加盟连锁是企业发展的高级形式。金德利要在认真总结直营店经营的基础上，通过管理水平、核心技术、企业控制力的不断提升，积极探索加盟店的运营模式，在成熟的基础上实现金德利混合连锁经营，加快企业的规模扩张速度。

6.4.4 产品战略

产品和质量是企业生存的基础，一个好的产品，可以支撑一个企业发展。因此，金德利要进一步实施产品战略，不断推进产品的创新、不断提升产品质量。

1. 实施产品质量战略，以质量开拓市场。

（1）全方位理解质量的内涵。对质量的理解不能把目光仅仅局限在一种产品本身的质量因素上，还要综合考虑凝结在产品中的其他质量因素，产品从生产者的生产到消费者的最终消费，各个环节都涉及质量问题。另外，评价一个产品质量的好坏，关键要看产品质量对消费者的实用性。因此，金德利要通过质量开拓市场，就必须使其产品不断满足不同层次消费者的需要。

（2）全方位贯彻质量标准。一是达到生产质量认证标准；二是达到产品质量认证标准；三是达到企业承诺质量标准。这在金德利实施产品质量战略中十分重要，特别是企业为了加强顾客对自己产品的了解和信任，突出自己产品的质量优势，而对产品质量作出承诺。企业为了维护自身的信用，一定要使产品的质量达到承诺的标准。

（3）全方位获得质量的比较优势。金德利要充分考虑产品质量的比较优势。因为，企业很难使自己的产品质量尽善尽美，只要质量比其他同类企业好，就可以开拓和争夺市场。一是在产品质量某个方面取得优势；二是在质量和价格比上取得优势；三是在质量和技术标准比上取得优势，即充分满足消费者对技术标准的要求。

2. 实施产品价格战略，以价格开拓市场。

(1) 运用价格涨落机制来开拓市场。一般来讲，价格下降有利于开拓市场，但是有时涨价也是争夺和开拓市场的重要方式。因此，金德利要根据企业自身情况和市场情况，运用价格涨落机制，合理利用降价或涨价等方式进行市场开拓。

(2) 运用买价和卖价机制开拓市场。任何一个企业既是卖主、也是买主，所以往往可以利用产品买价和卖价的有效配合，来实现自己在市场开拓上的目的。因此，金德利可以通过买和卖之间的价格不同进行运作，来实现自己的盈利。

(3) 运用成本机制来开拓市场。成本是与价格紧密相连的，一个企业的产品要降价，首先考虑把成本降下来。企业对成本机制的利用主要表现在两个方面：一是降低成本；二是对不同的成本进行选择。因此，金德利要控制好成本，利用成本的调整而使自己能够实现开拓市场的目的。

(4) 运用供求机制调整价格。供求机制实际是和价格机制连在一起的，供求状况是决定产品价格变动的一个重要依据。企业对价格的调整受到产品供求关系的影响，同时企业调整价格也是为了改变供求关系，使其有利于自己获得市场。因此，金德利在经营过程中，要密切关注产品的供求状况，根据各种产品的供求状况来调整产品的价格，同时用不同产品的价格变化，来改变产品的供求状况。

(5) 运用利润机制来调整价格。利润是产品价格的组成部分，企业不仅有利润目标，还有其他目标，有时企业为自己的最高目标，宁可舍弃一些利润也要实现其开拓和占领市场的目的，这就是市场开拓的利润机制。金德利在其发展的特定阶段或特定区域，为了自己的最高利益，要很好地利用利润机制。当然，利润机制的利用是有目的、有限制的，如果超过限度，伤了企业的元气，甚至在价格战中拖垮了企业，就事与愿违，得不偿失了。

3. 优化产品结构。推进产品结构优化，对于推进金德利产品标准化、确保产品高质、稳定具有十分重要的意义。目前金德利产品品种多而杂，已经影响到产品标准的制定和执行。因此，要围绕企业的经营特点和发展趋势，不断对产品进行优化提升，不断创新产品，及时淘汰产品，形成良性循环，不断推进产品结构的优化升级。

4. 培育核心产品。培育核心产品，是企业产品战略的关键，关系到企业能否实现可持续发展。金德利要通过对现有产品的精挑细选和技术开发，研制出具有自主知识产权、具有长久生命力的特色产品，使之被消费者接受和喜爱，成为企业主要利润增长点。

5. 提升产品附加值。提升企业产品附加值是企业提高效益的有效途径。目前企业产品附加值不高，随着产品成本的不断提高，企业利润减少，影响到企业的长远发展。提升企业产品附加值，生产出消费者喜爱的优质产品，既是企业发展的需要，更是消费者的需要，因此，金德利必须不断进行产品开发与创新，从而不断提升产品附加值。

6.4.5　人力资源战略

人力资源是企业赖以生存的重要资源，人力资源战略是企业发展战略的一个重要的组成部分，能为企业发展战略的实现提供人力上的保证。企业因人而存在，人是企业的创业之本和发展之源，是企业的第一财富。人力资源战略就是合理组织和利用企业人力资源为企业经营发展服务。

金德利经过长期的发展，已经建立了一支具有一定素质的人力资源队伍，这是金德利最大的财富。但是，金德利这支庞大的队伍，整体素质还有待于进一步提高，还没有形成良好的人才培训、引进、选拔、晋升、激励、约束等机制，一些重要、关键岗位的技术人才、管理人才、营销人才还比较缺乏，造成了企业发展的速度还不够快，发展的后劲受到一定的制约。强化人力资源建设关系到企业的长远发展，将成为企业今后发展的关键，应当成为企业共同的认识。人力资源战略根据人力资源开发的不同阶段，可分为人力资源引进、人力资源培养和人力资源使用三个方面。

1. 实施人力资源引进战略，不断补充新鲜血液。企业不是人力资源的生产者，尽管企业可以不断提升所拥有的人力资源层次，但毕竟不能直接制造出人力资源来。金德利目前虽已建立了比较稳定的人力资源队伍，但其管理、技术等关键岗位的专业人才，与企业发展战略的要求还存在很大差距，因此，其人力资源引进工作一定要持续不断地进行。

（1）引进人力资源须注重的因素。

第一，内部因素。

一是企业现有人力资源状况。金德利现有人力资源状况是，人才资源总量不少，结构不合理，关键岗位的专业人才不足。在引进人力资源之前要先对现有人力资源进行评估，要看企业现有人力资源是否得到了有效的利用？是否需要引进？需要引进那些方面的人力资源？引进的数量是多少等等。只有对企业现有人力资源状况进行准确地评估后，才能适当地规划并合理引进。

二是企业发展战略。企业发展战略对企业人力资源战略具有决定性影响。因此，金德利要根据发展战略的需求，制定相应的人力资源引进规划，支持企业发展战略的实现。

三是企业发展阶段。企业的发展阶段可以分为创业期、发展期、转型期、成熟期等不同阶段，在每一个发展阶段，企业的人力资源需求是不一样的。金德利目前正处于发展期，企业要根据这个阶段的人力资源需求的特点，制定引进规划。

四是企业的行业特点。不同行业企业的人员队伍稳定性是不一样的。金德利从事的是传统快餐行业，人才队伍的稳定性较强，但是随着企业的不断发展和转型，新的管理方式、生产技术及信息化工程迅速引入企业，一些专业人才岗位人员需不断引进。

五是企业文化。尽管引进人才是企业的客观需要，但同时企业文化对外界的融合性对人才引进有着很大影响。因此，金德利要建立对外界融合性强的企业文化，从而有利于人才的引进。

第二，外部因素。

一是行业竞争状况。行业竞争状况对企业人力资源的引进具有很大影响。快餐行业的竞争日趋激烈，这对金德利来说，不论是对同类型、同专业人员的引进，还是对高素质管理人员和技术人员的引进都将造成一定的困难。

二是市场供给状况。企业所需的人力资源在市场上表现为劳动力商品，劳动力的供给对企业人力资源的引进具有很大影响。目前，市场上劳动力的供给非常充足，但是愿意到金德利从事一线劳动工作的和金德利所需要的专业人才供给不足。因此，金德利在引进人力资源时要充分重视这一点。

三是技术条件改变。当社会整体技术条件或行业技术条件改变时，企业人力资源也要进行调整。因此，金德利在引进人才时要时时注意因信息化和自动化水平的迅速提高而引起的企业所需人才的改变。

(2) 人力资源的引进和培养相结合。引进和培养是企业获得人力资源的两个因素。引进是从企业外部着眼，招聘企业外的优秀人员；培养是从企业内部着眼，将一些有潜质的员工培养成更高层次的人才，承担更大的责任。每个企业在壮大其人力资源时都面临着引进和培养两种选择，但这两种来源各有优缺点。因此，金德利面对两种选择时，要根据企业的实际情况和所需人才的特点，取长补短，正确选择是引进人才，还是自己内部培养。根据金德利的发展历程，行业特点和内部人才结构状况，目前，金德利主要人才来源要通过内部人力资源的培养，一些专业岗位和新兴科技岗位上的人才，要解放思想，大胆引进。同时，对引进的人才和培养的人才要一视同仁，任人唯贤，量才而用，同工同酬。

（3）人力资源流动管理。对于一个企业来说，人力资源的流动是客观存在的。总是不断有新人流入，同时也有员工因跳槽、退休等原因流出。适当的人力资源流动对企业是有益的。但是，流动过大会影响企业稳定发展和岗位经验的积累。因此，金德利要把握好人力资源流动问题，做到流动与稳定相结合，即在保持队伍总体稳定的前提下，进行适当比例的人员流动。

2. 实施人力资源培养战略，打造高素质员工队伍。影响企业竞争力的因素很多，但是首要的是培养高素质的员工队伍。人力资源培养是为了改进员工工作态度，提高和增加工作技能而进行的有组织的企业行为。包括职业技能培训、职业生涯规划和企业文化教育等，同时人力资源培养应当与企业的经营战略一致，要有组织、有计划地进行。

金德利要根据企业人力资源的现状及发展战略要求，有组织、有计划地实施人力资源培养战略，同时要遵守以下原则。

（1）工作能力与企业文化相结合。员工的工作绩效取决于两个方面，一个是其自身的能力和水平，另一个是他的积极性和主动性，这取决于他对企业的忠诚度和责任感。没有能力固然不行，但仅有能力而没有积极性也不行。所以，金德利在人力资源培养时，要把工作能力和企业文化结合在一起进行。一方面要不断提高员工的工作能力，另一方面还要不断提高员工对企业文化的认同感，既提高业务素质，又提高思想素质。

（2）人力资源培养与个人发展方向相一致。企业对于自身的人力资源培养有全面的规划，同时，员工对自身的发展也有各自的想法，员工的教育和培养不是员工自己的事。因此，在人力资源培养过程中，金德利要尽可能地实现人力资源培养与个人发展方向的一致。向员工提供其希望的培养内容，充分发挥员工的主动性和创造性，与员工之间搞好沟通，了解他们的兴趣和专业，掌握他们的能力和潜质，为员工制定出适合个人发展的职业生涯规划，使员工明确自己的发展方向和定位，也使企业对其培养更具有目的性和有效性。

（3）人才专业化培养。企业需要的人才并非学历越高越好，而是工作技能越高，能为企业贡献的价值越多越好。也就是说，企业需要一些专业化人才。专业化人才具有很多优势。一是具有较高的效率；二是有助于提高产品质量；三是可以起到示范带动作用。专业化人才对企业的作用不可低估。

金德利所从事的快餐服务业，直接服务于居民群众，其产品质量、服务质量等人为因素起着决定性作用。因此，金德利一定要加强专业化人才的培养，充分发挥专业化人才的作用，在提高员工素质和绩效的同时，提高企业的竞争力和效益。

3. 实施人力资源使用战略，充分发挥人力资源的作用。对企业来说，人力资源的引进是前提，培养是基础，而使用才是目的。人力资源的使用战略包括两个基本内容，一个是人力资源配置，另一个是人力资源的激励。

（1）人力资源的配置。人力资源的配置，就是企业根据发展战略的要求，把各种不同年龄、知识、技能、特长的员工分配到各个岗位上，形成一个有机的整体，构成一股合力以支撑企业的发展。人力资源配置是否合理，对于企业的绩效和发展影响很大。因此，金德利要合理配置人力资源，使每个员工都能找到适合自己发挥作用的用武之地，绝不能出现人力资源不足、闲置、安排不当、结构失调等问题，而影响工作绩效或造成人力资源流失。

（2）人力资源的激励。在对人力资源进行了合理配置以后，就要对每个岗位上的员工进行激励，使其发挥出最大的效能。对员工的激励分为两类：一类是物质激励，包括工资、奖金、福利、补贴等；另一类是精神激励，包括授予荣誉称号、晋升职务、竞争上岗等。企业人力资源激励，就是综合运用以上多种方式，提高员工的满意感，激发他们的进取心，创造更好的工作绩效。在此要特别强调，激励是一把双刃剑，适当的激励可以提高员工的满意度，进而提高工作绩效。而不适当的激励却会降低员工的满意度，进而降低员工的绩效。绩效是由考评而定的，对员工工作的绩效考评就成了恰当激励的前提。因此，金德利要建立起科学规范的考评体系，设计全面的、合理的、定量化的考核指标，以便对每个员工的知识、技能、努力程度、工作成绩等有一个准确的评价。离开考评而谈绩效是毫无意义的。

（3）人力资源使用原则。在人力资源使用中必须遵守一些基本的原则，正是这些原则保证了企业中资源的使用更有成效。金德利在人力资源使用中要遵循以下原则。

第一，责权利对等原则。把一个员工置于某一岗位，等于他有了一定的责任，要尽到这一责任，必须授予他相应的权利，并且责任要与利益挂钩。利益是员工尽到责任的动力，权力是保障，如果三者统一对等，则员工任务一定圆满完成。责任大于权利，会使员工力不从心，无法完成任务；责任小于权利，会导致权力滥用，给企业带来损失。责任大于利益，会使员工动力不足；责任小于利益，会导致私欲的膨胀，企业也不经济。因此，金德利必须对自己的员工队伍的责权利状况及时进行判断和调整，实现责权利的对等。

第二，通才与专才的结合。企业人才大致可分为两类，一类是专才，一类是通才。在人力资源使用上，不一定是最优秀的，不一定要最全面的，而是以岗位是否胜任作为标准。因此，金德利在人才使用上，要扬长避短，将不同的专才合理搭配使用，最大限度地发挥比较优势，实现人力资源的互补性，避免同类人才之间的内耗。但专才使用多了，一旦出现某些专业人才的无法替代，一直到了企业离不开他的程度，就很可能产生一些损害企业利益的行为。因此，金德利仍需要一定数量的通才，这样才可能迅速补位。通才专才二者不可偏废，应当结合起来，以专才作点，以通才为线，组成一个完整的人力资源体系。

第三，人力资本管理与普通员工管理相结合。企业人力资源中包括人力资本和普通员工两部分。企业管理层和掌握核心技术的技术人员是人力资本，其他为普通人员。人力资本管理与普通员工管理存在着很大差异。由于二者的技能水平差距大，对于企业创造的价值悬殊，因此其岗位职务、薪酬结构、薪酬水平等都存在着极大的差异。金德利对人力资本的作用日益认同和重视，这是一个良好的发展趋势。但是在重视人力资本管理的同时，也不可忽视普通员工的管理，两方面的积极性都要调动起来。把二者结合起来管理，但不要混为一谈，主要体现在两个方面。一是人格平等。虽然大家的岗位、职务、薪酬水平不同，但是在人格上是平等的，都应受到尊重。二是机会均等。要为每个人提供成为人力资本的机会，这种机会对每个人都是均等的。

第四，工作性管理与非工作性管理相结合。金德利在员工管理中，要充分体现工作性管理与非工作性管理的原则，不但要对员工的工作性活动管理起来，而且要关心员工的非工作性活动，哪怕是为此支付一些成本。要以人为本，人情化管理，创造良好的生活环境，组织有意义的集体活动等。通过活动的开展增进沟通，提高凝聚力，培养团队精神。同时还可以了解员工的动向，及时发现一些可能对企业产生危害的行为。

第五，制度化与灵活性相结合。人力资源的使用在金德利必须形成一定的制度。在用人上不能随心所欲、朝令夕改、缺乏权威性，但制度又不是一成不变的，如果制度定得过死，就会使企业失去活力，尤其是在企业经营环境变化巨大的今天，企业在外部环境发生变化的情况下，其组织结构和经营战略要不断调整，这就势必要求人力资源使用上的重大调整，需要突破陈规，有一定的灵活性。金德利正处于制度健全完善过程中，而灵活性又不足，论资排辈、墨守成规的现象仍然存在，因此，更需要在人力资源使用上把制度化与灵活性有机结合起来。

6.4.6 信息化战略

1. 信息化已是快餐业发展的必然要求。在现代市场经济中，信息化建设对企业的作用越来越大。随着企业规模的壮大，传统信息已难以满足企业发展的需求，信息在收集、整理、归纳、使用、传输等方面已经发生了重大变化，信息在企业决策和经营中的重要性日益显现，信息化已经成为影响和制约企业发展的重要因素。快餐业是一个规模经营、连锁经营的行业，随着网点数量不断增多，经营区域不断扩大，信息化管理已成为快餐业发展的必然要求。

2. 信息化已成为企业经营决策的重要手段。一是信息化水平的高低，直接影响着企业的运营与管理。由于管理存在着滞后性，随着企业规模的不断膨胀，管理的难度进一步加大，特别是对于影响和制约企业的因素，对于企业在生产经营中出现的问题，不能及时进行处理，对于市场出现的变化不能及时应对，都会影响企业的发展，可以说，信息化对企业的发展日益重要。二是信息化直接影响着企业的决策。正确的决策，是建立在及时而准确的信息基础上的，不及时、不准确、不完全的信息，将会直接导致决策的失误，错误的决策将会给企业带来严重的后果。三是对于企业面临的突发事件，不能得到及时有效的处置，将会危及企业的生存。很多企业就是因为突发事件发生后，由于信息系统不完善，给企业的及时处置带来困难，给企业带来难以弥补的后果，甚至导致企业的破产倒闭。

3. 建立完善的信息化系统是企业实现可持续发展的重要保障。随着企业经营规模的不断扩大，信息化对企业的影响越来越大。肯德基、麦当劳之所以能够快速发展，与其拥有强大的、科学的、完善的信息化系统是分不开的。麦当劳店铺的自动收银系统，不仅缩短了顾客的购买时间，而且能够适时记录下销售的产品号码、销售数量、销售金额、餐厅来客数、顾客单价、产品销售结构、库存数、废弃商品的比率以及店内的水电费、杂费、员工工资、平均创收情况等等，可以及时将店内的销售情况分析出来并适时地传送到企业的总部。麦当劳还在所有快餐店安装了 ISP 系统即店铺信息处理机，利用企业自己开发的软件，对店内各种基础数据进行分析，实现了企业的日常事务、营业管理及企业各个方面情况的自动化管理，不仅提供了企业经营者所需要的各种基础信息，同时大大减轻了员工的劳动负担，提高了工作效率，减少了工作差错，更重要的是实现了所有店铺信息的共享，为企业决策提供了准确的数据，提高了决策水平。

金德利由于受规模、资金、人才等因素的影响，信息化还处于起步阶段，还没有形成具有自身特色的信息化管理系统。随着金德利集团公司的成立和经营规模的扩大，特别是金德利对外发展的加快，建立完善的信息化系统将是企业今后一个时期重要的战略任务之一。

（1）强化信息化规划工作。建设具有金德利特色的信息化系统，搞好信息化规划是关键。企业应在分析店铺运营流程的基础上，本着先易后难、先店面后网络的思路，制定企业信息化发展流程，形成金德利店铺收银、原材料进销存、产品销售等信息的收集整理，逐步建立起比较完善的信息收集、整理、分析系统，通过互联网络，逐步实现所有店铺的信息化管理。

（2）加快建立完善的信息管理系统。依托集团公司加快建立集生产经营、财务核算、人力资源管理、经营决策分析于一体的信息管理系统，对于推动企业连锁化经营、强化网点管理、实现企业的可持续发展具有重要的意义。

(3) 依托信息平台，提升企业科学决策和管理水平。不以全面、完整的信息为基础进行的决策是盲目的。金德利只有搭建好信息平台，集中各方面及时、全面、完整、真实的信息，经过科学地分析和处理，才能确保决策的正确性，提高决策的时效性，实现决策的科学性。

6.4.7 企业文化战略

1. 文化对企业的影响越来越重要。企业文化是企业在一定的社会文化大环境中，经过漫长的发展过程，逐步形成的被广大员工和消费者认可的、在企业内部起支配作用的企业精神、理想信念和行为准则。企业文化是企业灵魂，对企业的运营制度和经营管理起着统摄作用。优秀的企业文化，可以使员工得到明确的指引，形成高度的统一，从而更好地为实现共同目标而奋斗。从成功企业的发展来看，企业文化是企业生产力、生命力和内在活力的核心要素之一。形成什么样的企业文化，对于企业的生存和发展有着直接而深刻的影响。良好的企业文化能够促进企业的变革和发展，从而使企业在激烈的市场竞争中长盛不衰，实现企业的可持续发展。

2. 企业文化已经成为企业发展的核心竞争力。企业的核心竞争力是指企业开发独特产品，发展独特技术和营销手段的能力，是企业宝贵的战略资源。核心竞争力本身就具有独特性、价值性、不可模仿和不可替代性、延展性等特点，这正是建立企业长期竞争优势的源泉和动力。

企业文化是企业长期积累并形成的具有自身特色的经营理念和价值观，是企业的灵魂。优秀的企业文化可成为企业偷不走、买不来、分不开、流不掉、无法模仿、无法复制、极为稀缺的独特的资源，对企业具有激励作用、凝聚作用、引导作用、塑造形象作用和约束作用。随着经济和社会的发展，人们消费取向发生了巨大的变化，已经由数量和质量消费型发展到品牌和文化消费型。消费者不再仅仅重视商品的质量优劣与价格的高低，而是对商品的售后服务、商品品牌的知名度、购物的环境等更加关注，消费者已经由注重商品自身向注重商品核心功能以外的富有文化内涵的附加功能转变。由此决定了企业间的竞争必然是企业文化之间的竞争。企业文化是企业经营的最高境界，建设优秀的企业文化的直接目的就是培育和提升企业核心竞争力。

3. 文化决定着企业的长远发展。文化代表着一种精神和理念，传播着一种思想。企业文化是维持企业核心能力的持久性因素，它是企业永续经营的关键所在。企业要想实现持续健康的快速发展，在行业间与企业间占有绝对的竞争优势，就必须要重视企业文化的建设，构建基于企业核心竞争力的企业文化，不断提升企业的核心竞争力，才能确保企业长期保持久盛不衰的状态，成为百年企业。

4. 建设具有自身特色的企业文化，是实现金德利战略目标的重要保障。金德利公司的战略目标是“创一流品牌，建百年老店”，要实现这一目标，企业只有通过把中国悠久的餐饮文化与现代企业发展的要求相结合，提炼出具有时代精神和中国传统文化特色的企业文化，建设和形成具有自身特色的企业文化，才能确保企业长远目标的实现。

（1）挖掘企业文化资源。金德利经过十余年的发展，形成了很多特色的文化资源，如企业的制度建设比较健全，广大干部员工的作风务实，具有良好的团队精神，企业的凝聚力和向心力比较强等等。挖掘和利用企业已经形成的文化资源，对于建立企业的共同价值观具有十分重要的意义。

（2）强化企业精神建设。企业精神是企业共同价值观的体现，是企业发展的动力源泉。金德利公司经过多年的发展已经积累和形成了很多具有激励作用的企业精神，像团队精神、奉献精神、创新精神等。要在此基础上，继续强化企业应该具备和拥有的良好精神，像诚信精神、服务精神、韧性精神、协作精神等，用强大的企业精神来支撑企业的发展，让企业精神同广大员工的行为准则有机结合，形成推动企业发展的精神动力。

（3）突出企业文化载体建设。企业文化载体是企业发展过程中传播文化的平台。应加强企业文化载体建设，办好金德利报、金德利网站、完善金德利制度、统一金德利品牌形象、开展金德利产品展示、实施金德利技术比武等，使金德利传统的和优秀的企业文化逐步成为企业资源中的重要元素，影响和推动企业的发展。

6.5 金德利企业精神

金德利企业精神，是金德利在长期的实践积累中形成的，是金德利形象、凝聚力和核心竞争力的表现。对企业精神加以提炼，以期在今后的实践中进一步发扬光大，并对中式快餐文化的丰富和发展贡献力量。

1. 企业使命。以居民厨房工程为依托，以提高人民群众的饮食质量为己任；为居民家庭和流动人口提供方便快捷、质量可靠、服务优良、健康安全、营养均衡的大众化餐饮；探索中式快餐连锁经营之路。

2. 企业方针：团结、和谐、创新、发展。

3. 企业宗旨：服务顾客、服务社会。

4. 企业价值观：为食者造福、为员工谋利。

5. 企业经营理念：诚信为本、质量第一。

6. 企业愿景：创一流品牌、建百年老店。

第 7 章　战略措施

中式快餐主要提供传统的中式大众食品和服务，符合大多数国人的饮食习惯。随着我国经济的快速发展，人们生活水平的大幅度提高，中式快餐将得到蓬勃发展。金德利快餐从国内市场需求的实际出发，凭借准确的市场定位、过硬的产品质量和快捷优质的服务，近几年得到了较快发展。但在其发展过程中也存在着不少制约因素。只有根据企业发展战略的要求，通过战略措施的实施，克服制约因素，发挥企业优势，才能逐步实现金德利又好又快发展，创一流品牌，建百年老店的战略目标。

7.1　深化体制机制改革，建立现代企业制度

7.1.1　继续推进产权制度改革

随着金德利集团公司的成立，金德利已经形成了国有控股、职工参股的投资主体多元化的有限责任公司，改变了过去国有资产分散、规模优势发挥不出来的状况。通过建立金德利集团公司，不仅实现了资源整合、品牌统一、规范化经营，而且妥善解决了多年来遗留下来的历史问题，使企业资产得到优化，历史包袱得到减轻，为企业今后发展奠定了良好的基础。

随着金德利集团公司的不断发展，要确保企业战略目标的实现，必须不断地深化企业产权制度改革。一是在不影响金德利粮食安全保障体系中供应网络主渠道地位的基础上，按照“归属清晰、权责明确、保护严格、流转顺畅”的现代产权制度的要求，继续推

进企业产权制度改革。二是进一步明确和理顺产权关系，依法进行合理分配，保护产权所有人的利益。三是畅通产权流转渠道，全面实现产权所有人的各种权利。

7.1.2 进一步完善法人治理结构

完善的法人治理结构，是企业健康发展的保证。金德利要在实施产权制度改革、完善体制、转换经营机制的同时，积极探讨国有控股体制下建立健全法人治理结构的路子。按照现代企业制度的要求，规范企业股东会、董事会、监事会和管理层的责任，完善企业领导人员的聘任制度。股东会由各投资者代表组成，根据股份的比例确定代表的权重，职工股可以由职工选出代表参加股东会，行使职工股的权利。股东会确定董事会和监事会的成员，董事会选择经营管理层，并形成所有者、决策者、监督者和经营管理者之间的制衡机制。通过处理好所有者与经营者的关系，实现出资人原始所有权、企业法人财产权和法人财产经营权的“三权分离”。在这种“三权分离”的情况下，充分发挥董事会作用。根据“三会一层”的权力安排，公司的重大决策权应在董事会，董事会实行集体决策，个人负责。经理层要执行董事会的重要决策，对董事会诚实守信，勤勉负责，接受监督。董事会与经理层的关系，是公司法人治理结构中权力制衡的重心。只有董事会真正代表所有者利益，经理层对董事会负责，自觉接受董事会的指导和监督，加上监事会能忠诚履行对董事会和经理层的监督职责，公司的法人治理结构才能不断健全、完善并充分发挥作用。通过完善法人治理结构，充分调动管理者的积极性，维护出资人的利益，才能使金德利实现健康可持续发展，在取得经济效益的同时，为社会做出贡献。

7.1.3 建立有效的激励约束机制

目前，金德利主要实行岗位工资、绩效工资和年终奖励，是基础工资加绩效工资，还没有完全建立起贡献与收入相一致的激励约束机制。多数公司还没有把企业的发展与每一位职工的切身利益联系起来，对职工的激励约束机制还很不健全。特别是对经营管理者的激励，主要靠基础工资和效益工资，尽管企业经营者在企业中占有股份，但由于其股份在企业全部股份中的比例较低，股本的激励作用不大。同时在收入中仍然存在着平衡、平均的因素，企业的经营主要靠经营者的事业心和责任感，还不能全部依靠激励机制来充分调动经营者的积极性和创造性，一定程度上影响和制约了经营者积极性的发挥。因此，建立有效、公平的激励约束机制，充分调动企业经营者的积极性和创造性，对于金德利实现可持续发展具有十分重要的意义。

1. 尽快建立符合国有企业实际、体现企业经营者自身价值的激励约束机制。金德利作为劳动密集型的大众化餐饮服务企业，企业收入还不是很高，员工的收入在整个社会中处于较低的水平，这就决定了企业经营者的收入不会很高，其收入必须与企业的实际相适应，不能脱离企业的现实状况。基于此，金德利一方面要尽快建立并完善激励约束机制，另一方面其激励约束机制必须与企业当前和今后的发展水平相一致，建立起既能反映金德利公司主要经营管理者的收入水平和社会地位，又能实现贡献与其所得相适应的物质激励与精神激励相结合的激励机制，以此来充分调动企业经营者的积极性，使经营管理者个人命运与企业命运休戚相关，实现企业经营者与企业的共同发展。

2. 建立既能体现粮食部门实际，又能体现企业效益的激励约束机制。粮食部门作为受计划经济影响较大的部门，仍然背负着很多历史包袱，一些企业仍然没有走出困境，经营困难，职工收入还比较低。金德利与系统内其他企业相比发展较快，经济效益较高。但作为国有企业，其经营者的收入要由其监督管理部门按规定考核决定。因此，其激励约束机制，必须既要反映企业的发展状况、经营者的贡献大小，同时也要兼顾粮食行业实际和企业员工的收入水平，在确保金德利公司发展的同时，建立适合企业实际的权利、义务和责任相统一、激励和约束相统一的经营机制。按照依法考核、分类考核和约束与激励机制相结合的原则，建立年度考核与任期考核相结合、结果考核与过程考核相统一、业绩考核与奖惩紧密挂钩的考核制度，把国有资产经营的近期目标与中长期目标统一起来，把对经营者的激励和约束机制统一起来。同时，要防止造成新的分配不公。

3. 建立起与企业发展相一致的激励约束机制。在日趋激烈的市场竞争中，金德利时刻面临着较大的经营风险，而经营者对企业发展的作用日益明显。一个业绩非常优良的经营者，可以促进企业的快速发展，而一个业绩较差的经营者对企业来说就是一大灾难。因此，建立企业激励约束机制，必须与经营者的经营业绩挂钩，与企业的发展挂钩，根据企业经营业绩的好坏确定经营者的收入水平，建立起经营者业绩与企业经营业绩相一致的激励约束机制。

4. 逐步建立起经营管理者的科学选拔机制。随着金德利的持续发展，企业规模越来越大，经营者对企业发展的影响作用日趋突出，按照现代企业制度的要求，要逐步改进并完善经营管理者的选用程序。公司决策层要根据公司章程的要求，依照资产的所有权，按照投资比例确定；公司的管理层要由组织委派和行政任命逐步向市场选择过渡。

7.2 创新经营模式，实现多层次发展

金德利的大众化快餐门店经营模式是经过十几年的探索确认，并被实践证明了切实可行的经营模式。但其持续、快速、健康发展，需要经营模式的不断创新。

7.2.1　进一步强化大众化快餐店经营模式

经过多年的打造，金德利已经形成了以店面经营为载体、品种多样化、环境优美化、价位大众化、网点连锁化、品牌统一化的经营模式，并得到了广大消费者的认可。2007 年由商务部组织召开的发展大众化餐饮现场会在济南召开，来自全国 30 多个省（市、区）的代表，参观了金德利经营网点和配送公司，金德利的经营模式得到了广大与会者的一致好评，成为大众化餐饮的推广模式。

金德利快餐店是金德利的一线经营阵地，是整个企业发展的基础，因此，要牢牢抓住快餐店的管理和发展不放，要作为首要问题，任何时候都不能忽视。要进一步强化对现有快餐店的管理，提升其营利能力和抗风险能力；要紧跟城市建设、旧城改造步伐，变被动为主动，变挑战为机遇，抢占黄金地段，提高济南市场占有率，牢牢控制济南市场；要科学规划、因地制宜，推动金德利在济南以外市场加快发展。

7.2.2　把准市场脉搏，树立创新理念

市场是企业发展的导向，进行市场需求调查、把握市场发展趋势和准确的市场定位是企业发展的先决条件。当前，快餐市场消费的个性化、理性化、功能化和细分化的趋势越来越突出，企业只有以市场为导向，牢牢把握市场发展趋势，接受市场的检验，在市场中保持自身的特色性、差异性、认同性和拓展性，才能得到市场的认可与接受。随着快餐市场消费特点和就餐形式的不断变化，快餐的内涵和外延不断扩大，经营领域和行业形态日趋丰富，呈现出多种经营模式的发展态势。企业的经营模式决定了企业的经营业态，企业只有注重创新，开拓进取，紧跟市场并引导市场，才能避免因过于追求单一和理想模式，影响企业的发展。创新应是企业永恒的主题，模式创新更是企业发展的需要。金德利要在把握好快餐本质

特征的基础上，结合自身条件和市场特点，积极探索快餐业的发展趋势和消费者需求趋向，并注重开拓创新，既要学习借鉴国内外快餐业发展的成功模式和经验，又不能简单仿效和完全模仿。实践证明，只有立足自身实际，紧跟发展潮流，利用先进的经营理念，创新经营模式，企业才能不断地得到提升和发展。

7.2.3 不断创新经营模式

金德利作为中式快餐企业，其市场定位准确、产品质量稳定、适合国人口味、经营模式科学、符合市场需求，具有较好的发展前景。但是，金德利目前只是一个中档次的大众化快餐，由于品种过多，标准化、工业化程度还不够高，造成了开店成本高、使用人员多、利润率低的问题，严重制约了金德利的发展速度，限制了金德利品牌的影响力。金德利在巩固和加快推进现有经营模式的同时，要结合当前快餐业发展的趋势，不断创新经营模式。

一是向高低两端拓展市场空间。根据不同客户群体的需要，在不同地段发展精品店和便民店，创新店面经营模式。

二是尽快打造送餐平台，全面开展送餐业务。快餐送餐市场已经成熟，金德利也完全具备做好这项业务的能力，如果不尽快推出自己的送餐经营模式，抢占先机，将失去这块良好市场空间和发展机遇。

三是随着市场的不断发展变化，要不断推出能满足客户需求、切合企业实际的新的经营模式。

7.3 强化配送物流建设，加快工业化发展步伐

7.3.1 进一步提高对配送公司和中心厨房建设的认识

现代快餐业已发展到标准化和工业化阶段，我国著名科学家钱学森说“快餐就是烹饪业的工业化，把古老的烹饪操作用现代科学

技术和经营管理模式变为如工业生产那样组织起来，形成烹饪产业”。因此，加快推进快餐企业工业化，实现快餐产品标准化，是现代快餐业发展的趋势和要求。

从当前国内外发展比较成功的快餐企业来看，企业网点的快速发展主要靠强大的中心厨房和配送中心作支撑，像百胜集团的北京配销中心，是一个集原材料仓库、低温库、冷冻库于一体的大型配销中心，每天百胜集团各经营网点所需要的半成品、成品被快速集中到这里，同时各网点需要的原材物料、半成品、成品又由这里源源不断地发往各个经营网点。真功夫、丽华快餐等快餐企业，在开店的同时首先投资建立了规模较大的中心厨房和配送中心，通过机械化、工业化的生产方式，生产出标准化的成品、半成品，统一配送到各经营网点。中心厨房和配送中心在实施规模化连锁经营中的作用日益显要。

目前金德利发展的主要制约因素之一是企业的标准化和工业化水平不高。而其配送公司的生产规模、配送能力不足，再加上金德利网点多而分散、经营品种多等因素，难以满足所有快餐店特别是外地店的原材料、半成品、成品的加工配送，制约了工业化的发展。

实践证明，配送中心和中心厨房在快餐连锁企业管控中的作用越来越重要，金德利要想实现长足发展，必须要从传统模式的束缚中解脱出来，形成由配送中心和中心厨房作为支撑的工业化的现代企业经营模式。

7.3.2 学习借鉴国内外先进经验，准确把握中心厨房定位

国内外发展较好的各品牌快餐企业都非常注重中心厨房和配送公司的建设，并根据各自企业的特点，建设了具有不同特点的中心厨房。像肯德基、麦当劳，其主要是建设自己的配销中心，通过购、配、送、销把经营网点所需的原材物料，及时安全地配送到各

快餐店，经营网点再把这些原材物料“组装”成成品。其中心厨房的功能已经弱化，取而代之的是其外协加工，也就是供应商。他们已经与供应商建立了非常密切的合作关系，供应商按照他们提供的标准，进行生产加工，然后配送到他们的配销中心，这是目前国外快餐品牌采取的主要形式。从国内一些品牌企业来看，大多数都是建立自己的中心厨房和配送公司，或者合二为一。中心厨房主要承担原材物料的采购、集中生产加工成半成品或成品。一是直接通过配送公司及时配送到各经营网点。二是进入恒温库或冷冻库，然后根据各经营网点的需求量，通过恒温车或冷冻车及时配送到各经营网点。三是采取自己生产和外协加工相结合的方式，涉及到企业核心技术的部分由中心厨房加工，其他部分采取外协加工，这是当前和今后中式快餐企业建立中心厨房的主要形式。对于配送公司，目前主要采取建立自己的配送公司或利用第三方物流相结合的形式，前期主要以自己的配送公司为主，并逐步向第三方物流配送发展，实施第三方物流将是配送公司发展的主要形式。

目前金德利虽已建立了自己的配送公司，但由于受资金、技术等因素的影响，配送公司的生产加工能力、配送能力等都不能满足快餐店的需要。随着金德利发展步伐的加快，特别是对外发展的加快，建立具有金德利特色的中心厨房和配送公司势在必行。应当采取先小型、后集中，先济南、后外地，先自己配送、后第三方物流分步实施的发展思路，逐步建设成自己生产与外协加工相结合、自我配送和第三方物流相结合的集中心厨房与配送公司功能于一体的“中心厨房”。

1. “中心厨房”的功能与作用。中心厨房建设是实现快餐店经营模式优化升级的需要，是快餐店经营结构调整的需要，也是推进企业标准化发展的需要。因此，中心厨房的基本功能定位是：以产品研发和技术创新为基础，以突出产品工厂化生产为重点，以原材物料的配送为补充，以实现产品高质、稳定、标准化为目的，进一步增强企业的核心竞争力。

（1）中心厨房要成为企业管控的重要平台。金德利是一家快餐连锁企业，对其连锁店的管理只靠制度、标准和人的现场管理是不够的，必须有一个良好的平台和有效的手段。中心厨房能够通过采购、加工、配送来管控原料、半成品、成品的数量、质量和标准，从而不断推进标准化，保证产品质量。同时，中心厨房通过信息反馈能够随时掌握新情况、新问题，以利于及时决策并采取措施。

（2）中心厨房要成为企业的产品研发中心。没有创新就没有发展，产品创新是企业永葆活力的源泉。中心厨房要作为研发中心，发挥人才集中、设施先进、加工能力强的优势，通过引进改造、对现有产品进行改良、开发新产品等方式，研发出适合市场需求的产品，引导快餐店及时淘汰过时的产品，实现快餐店产品的结构优化。

（3）中心厨房要在优化快餐店内部生产方式上发挥更大作用。金德利快餐店存在着人员多、劳动强度大、厨房加工面积大等突出问题。中心厨房不仅可以将快餐店部分占用人力多、工艺复杂、劳动强度大的产品集中生产，而且通过实施机械化、标准化、规模化生产，可以减少快餐店现场加工量，改善厨房环境，降低劳动强度，减少加工面积，扩大营业面积，提高竞争力。

（4）中心厨房要在加快推进标准化实施方面发挥更大作用。金德利产品质量标准主要是在各个快餐店实施，由于店多、生产人员业务熟练程度不同，造成产品质量标准化水平不高，出现了统一标准不同质量的现象。通过建立中心厨房，集中生产，分散经营，可以使产品标准得到较好地实施，为快餐店产品质量的高质、稳定、统一奠定坚实基础。

（5）中心厨房与配送公司互为补充相得益彰。金德利配送公司由于网点多、配送路线长，造成配送成本高，配送质量容易出现问题。各子公司建设的中心厨房，使部分产品由快餐店转移到中心厨房生产，配送公司把大部分原材物料、半成品直接配送到中心厨房，不仅节省了配送费用，而且保证了配送产品的质量，有利于配送公司配送能力和水平的提高。

(6) 中心厨房对食品安全具有保障作用。通过中心厨房的建设，可以实现快餐店所有原材物料的集中采购，不仅提高了企业采购的能力，而且有利于保证原材物料的质量，从而在源头上保证了产品的质量，使金德利产品的安全性得到保障。

(7) 中心厨房是加快企业工业化发展的基础和前提。目前快餐店的绝大部分产品仍是手工制作，机械化、工业化水平比较低，加快建设中心厨房，可以充分利用当前比较先进的食品加工机械，逐步实现部分产品的自动化生产，不断提高企业加工生产的工业化水平。

2. 中心厨房发展的目标与方向。中心厨房要以产品研发为基础，以培育核心技术为目标，以推动机械化、工业化生产为重点，大力发展供应商，通过与供应商建立战略合作伙伴关系，实现自我加工和外协加工的有机结合。

(1) 着力培育核心技术。随着中心厨房的发展和机械化程度的提升，中心厨房要逐步由加工向技术研发转变，根据企业经营的需要，围绕培育核心产品，注重产品研发和技术开发。只有掌握了核心技术才能不断推动企业快速发展，没有核心技术优势的企业是难以持久的。目前国外的一些快餐企业每年的技术研发费用都高得惊人。金德利中心厨房一定要承担起培育核心技术的责任，通过拥有更大的核心技术优势来提升企业竞争力。

(2) 逐步发展外协加工供应商。当前中心厨房的作用是非常重要的。但随着企业的发展，企业所有产品都由中心厨房加工制作，必然会造成中心厨房的规模越来越大，给企业的投资、管理带来很大压力，不利于企业健康发展。中心厨房发展到一定程度，就要走外协加工发展的路子，把一部分或主要加工过程交给供应商来完成，并逐步改变供应商的结构，由过去的原材料供应商向产品加工供应商转变，同时发展成品供应商，使供应商按照企业的标准和要求，生产出企业需要的半成品和成品。通过供应商的转型，实现中心厨房的转型，使中心厨房逐步成为一个组装配送中心及产品研发中心，通过企业的技术研发和技术优势，来带动和促进中心厨房的发展。

（3）与供应商建立战略合作伙伴关系。随着中心厨房的转型，为了保证企业的有效运转，企业对供应商的要求会进一步提高，供应商的能力、服务水平等都将直接影响到企业的发展，建立与供应商的战略合作伙伴关系将显得越来越重要。麦当劳通过几十年发展提出的用心选择供应商、严格管理供应商、与供应商共发展的理念，以及国内企业提出的“n＋1”供应商管理方式等都值得金德利学习和借鉴。麦当劳1990年进入中国，然而，其供应商为了做好麦当劳在中国的供应，早在1983年就提前进入中国市场，在中国开设了工厂和农场，为麦当劳开业做准备，充分体现出麦当劳与供应商的合作关系。只有实现企业与供应商共同发展、荣辱与共，企业才能真正走上快速发展之路。

7.3.3　强化产品创新、提升工业化水平，加快推进中心厨房建设

1. 依托中心厨房强化核心竞争力。目前和今后一段时间，中心厨房的作用主要体现在培育核心技术和实施工业化生产上，没有核心技术就没有产品的特色，企业就缺少核心竞争力。开展产品创新、培育核心技术是中心厨房的首要任务。随着企业规模的不断扩大，不论是各子公司还是配送公司都要利用现有技术人员优势，着力开展产品创新和技术研发，使企业经营的每一个产品质量不断优化，对于企业的主打产品或核心产品，应严格控制产品配方、生产工艺、技术标准，不断扩大自身的核心技术优势，不断提升核心竞争力。

2. 加快推进中心厨房工业化。中心厨房要满足多个分店对主要原料的大量需求，仅靠手工劳作是无法完成的，只有实行工厂化生产，充分利用机械设备，统一原料、加工方法和配比，才能统一质量、提高效率、满足快餐连锁发展对中心厨房的要求。一是借助市场上或食品工业生产中的先进机械设备，提高工业化水平。二是优化加工程序，提高生产能力。程序的优化是提高产能的重要方式，是内涵扩大再生产，必须将一菜一烹的简单手工操作，按照符合菜肴工艺要求的加工程序转移到生产设备上，使生产的全过程既符合手工操作的技巧，又能准确控制温度、时间、火候、火力、力度等因素，才能实现真正意义上的工业化。

3. 加快区域中心厨房建设。随着金德利对外发展步伐的加快，金德利目前已在部分外地城市形成了区域化经营。各子公司要根据快餐店数量和规模的大小，按照中心厨房承担功能的大小，加快建设区域中心厨房，确保所有的原材物料、部分成品、半成品实现统一采购、加工和配送，确保产品质量和食品安全，使区域中心厨房既能满足当前快餐店的需要，又能留有余地，满足快餐店发展的需要，做到有金德利快餐店的地方就有中心厨房。

7.3.4 降低成本、提高效率，加快推进物流配送建设

随着企业的发展，一方面企业所需配送的品种增多、数量增大，另一方面配送的范围会越来越广，这就对企业的物流配送要求越来越高。建立成本低、效率高、配送及时的物流系统，对企业的发展显得极为重要。

1. 依托中心厨房发展配送中心。配送中心是中心厨房与快餐店的桥梁和运输线，它将中心厨房生产的产品及采购的原材物料，通过科学的配送装备、合理的路线设计、高效的交接程序，及时、准确、安全地运送到各个快餐店，实现运输效率最优化、运输成本最低化。这就要求配送中心必须依托中心厨房，建立一套完整的配

送运输管理系统，确保在规定的时间内将快餐店所需的各种物品及时准确安全地配送到目的地。

2. 建立相对独立的物流中心。当前金德利实行的是大配送和小配送的有机结合，由于配送的产品不同、范围不同、时效不同和数量分散，难以实施第三方物流，主要以配送公司和各子公司配送运输为主。由于各子公司配送的原材物料数量不多，配送的范围较小，必然造成配送成本较高，不利于企业经营和发展。在没有实施第三方物流的情况下，通过集团公司或配送公司，根据现有配送车辆、配送产品的情况，建立一个相对独立、以服务为主的物流中心，发挥每一部车辆的配送效率，扩大配送能力，降低配送成本，实现配送资源的有效整合和利用，提高企业的整体效益，是企业发展的方向。

3. 逐步发展第三方物流。随着金德利对外发展步伐的加快，店面的数量不断增加，范围扩大，仅靠配送公司和各子公司的配送车辆已难以满足快餐店的要求。为保证原材物料及快餐店所需产品的配送，必须以企业的物流中心为基础，对部分快餐店数量大、路途远、分散外地的配送工作，由第三方物流承担，利用当地的物流企业，或者供应商的物流系统，按照总部的统一安排，及时地把快餐店所需物品安全运输到目的地。发挥第三方物流的优势，实现配送成本的最低化。

4. 建立物流应急保障系统。建立物流应急保障系统，能确保快餐店在特殊情况下的正常运营。目前，所有国外大的快餐企业都建立了自己的应急保障系统。像肯德基在突遇雨雪灾害天气时，都会及时启动应急保障系统，通过调动周边仓库的货物或是通过空中运输等措施，确保按时将各营业网点所需物品及时安全地配送到位，确保在特殊情况下经营网点的正常运营。随着金德利规模的不断扩大，建立有效的物流应急保障体系，制定完善的应急保障预案，是企业健康、稳定、可持续发展的重要保证。

7.4 推进产品标准化，确保质量长期稳定

强化产品标准化建设不仅仅是企业的一项措施，而且是企业的一项战略，只有不断推进产品的标准化，才能保持企业产品质量的稳定，实现企业可持续发展。从目前快餐业发展趋势来看，要加快企业发展，壮大企业规模，搞好连锁经营，必须要解决产品标准化问题。金德利作为综合性中式快餐企业，必须按照品种多样化和适度标准化的要求，加快推进产品标准化。

7.4.1 建立产品质量标准体系

没有标准就没有质量统一、稳定的产品。标准就是对重复性事物和概念所作的统一规定，标准化工作就是指技术标准、管理标准、工作标准的制定、执行和管理工作。对于产品来说就是原材料采购标准、产品质量标准、生产工艺加工标准、服务标准、现场管理标准、岗位标准的制定和推广。目前金德利还处于标准化的初级阶段，亟需加快推进标准的制定和管理工作。

1. 科学地制定企业产品质量标准。产品质量标准的制定是对产品质量的量化，它不仅包含产品的外在标准，更包含产品的内在标准。麦当劳一个汉堡中的牛肉，其产品标准就有40余项指标，不仅包括外形的大小尺寸、重量，而且还包含这块牛肉必须是牛身上哪一部位的肉，要求牛肉要有83％的肩肉和17％的上等五花肉精制而成，含有脂肪不能高于19％等等。面点王对食品的质量要求近乎到了苛刻的地步，菜、面、粥共计130多个品种的80％已经实行了标准化管理：一斤面做多少个水饺，一斤米煮多少碗粥，每个蒸包中含多少克盐、多少克味精都有严格的标准。制定每一个产品质量标准，必须要达到定量化，实现数据化，要通过仪器检测，经过科研人员反复试制，在最佳质量时得出科学数据。只有每一个产

品的质量标准都实现了数据化、科学化，具有可操作性，才能保持所有产品质量的稳定和统一。

2. 质量标准要涵盖产品生产加工销售的各个环节。每一个产品的质量标准应包含产品的原材料标准、辅料标准、加工工艺标准、加工设备要求和外在环境标准，缺一不可。没有好的原材料，就不能保证生产出高质量的产品；没有辅料标准，就可能导致生产出的产品口味不一样；没有加工工艺标准和生产设备要求，产品的质量也难以保证。每一个产品的质量标准要涵盖从原材料采购、保管、使用、加工、生产到成品以及包装的每一个环节，只有每一个环节的产品标准都健全完善了，产品质量标准才能统一。像麦当劳生产用的面粉及包装物都有统一的要求，严格规定面粉必须放到含有颜色的包装桶中，包装物不能是白色的，以防止包装物意外破损时碎屑混入面粉中不易辨认。

3. 强化产品质量标准执行的一贯性。从目前的现状看，多数快餐企业最麻烦的问题就是一种标准的贯彻不能长期始终如一。一个产品的质量标准，今天达到了明天就可能达不到，个人没有“可持续性”，导致团队没有“可持续性”，整个企业也就没了“可持续性”。一个产品质量的不统一或质量下降，就可能危及企业的生存。

像海尔提出的“斜坡论”理论，形象地说就是，一个企业若一项工作的标准稍微差一点，就要滑下去，一旦滑下去，这个名牌就完了。所谓小差距和大差别，就差一点，恰恰看出了一个企业在质量上的巨大差异。海尔的“斜坡论”对产品质量标准的执行具有很深的意义。对于企业制定的产品质量标准，就是要求企业的每一位员工工作都要严格按照标准去做，不能有丝毫马虎，并且一以贯之，在这个前提下，才能实现企业的持续发展，保持住名牌。肯德基、麦当劳在全世界 100 多个国家和地区开店，几十年产品质量保持不变，靠的就是标准的执行始终如一。

4. 加大对产品生产工艺的研发力度。生产工艺的研发对于推进产品标准化具有至关重要的作用，因此，应在对菜肴的品种、质量进行深入研究的基础上，将传统烹饪技艺与现代食品工业化操作手段相结合，完成由传统经验型向科学化、数据化、标准化转变，提高工业化生产能力和水平，逐步摆脱手工操作的随意性。既要保持餐饮在配料、烹制技术和产品色、香、味、形上的基本特点，又要与现代化工艺结合，以适应规模化生产的要求。

5. 提高产品的科技含量和生产的现代化水平。提高产品的科技含量和生产的现代化水平是统一质量标准的基础。首先要提高企业科研水平，建立一支高素质的科研队伍，成立科研开发中心。其次，要提高中心厨房装备的水平，在购置和引进设备的同时，积极与食品科研机构、大专院校和食品设备生产厂家联合，根据企业生产的需要，开发研制产品配方和加工设备，提高企业产品的科技含量，为企业的发展提供技术支持。第三，要从企业大宗产品入手，本着先易后难的原则，使产品配料、加工、成型、蒸制等各个工序实现标准化和程序化，提高产品生产的科技含量和现代化水平。

6. 加大标准化的执行力度，减少个人对标准化的影响。实现快餐连锁经营，保持各连锁店质量一致，必须采取措施，将厨师个人对菜肴质量的影响降到最低。金德利应借鉴洋快餐成功的经验，既强调合理分工、降低生产成本、节省时间以及采用自动化设备代替手工操作，又要遵循流水作业的方法，将复杂的烹调工作分解成简单的几个步骤，将生产流程细化、定型化，严格按程序操作，逐步实现岗位操作简单化，以提高标准化程度。目前国内已有部分快餐企业采用类似的方法进行生产，如天津的“集贤东方小吃广场”组织名师搞菜点设计，然后制定出生产标准，操作人员都是新录用的烹饪学校的学生。由于生产标准化、程序化，只需经短期培训，员工很快就能熟悉、掌握特定生产环节上的操作规范和技术要求，不因换人而影响产品质量，产品质量均一而稳定。这是很值得借鉴的做法。

7.4.2　强化全过程质量管理

为推进产品质量标准化管理，中式快餐企业逐步实行了生产环节的分离，使产品质量不仅包括生产过程，而且已延伸到企业的各个环节。从原材料的采购、生产加工、物流配送到产品销售，任何一个环节出问题都会影响到产品的质量。实施产品质量标准化管理，确保产品质量，必须实现产品质量的全过程管理，严把每一个环节。麦当劳汉堡中使用的生菜，从作物种下去的那天起就进行全过程监控，对生产过程中使用的肥料、农药等都有严格的规定和记录，一旦发现不合格就立即退货。生菜从冷藏库进入配料台，只有两小时的保鲜度，超过两小时就立刻扔掉。只有有了实施产品质量的全过程管理，才确保了企业产品质量的长期稳定和统一。

7.4.3　依托中心厨房，推进质量标准化管理

金德利经营的产品品种多，再加上中式面点和菜品主要通过现场加工制作，受人员、设备等因素影响较大，尽管有统一的标准，也难以实现产品质量的统一。从国内外快餐企业发展的过程来看，推进标准化必须走工厂化、工业化发展的路子，变手工生产为机械化生产，变个体生产为集中生产。因此，金德利必须依托中心厨房，逐步实施工厂化生产。面对中式快餐品种多的实际和企业的现实情况，应采取手工与机械化生产相结合，走适度标准化的路子。实施适度标准化是实现标准化的基础和前提，也是中心厨房当前和今后一段时间发展的目标和方向。实施产品质量标准化，一是本着先易后难的原则，分步实施。对于能机械化生产和集中生产的产品，由中心厨房实施标准化生产，范围逐步扩大。二是积极推进生产过程的标准化，只有实现产品生产加工的全过程标准化，产品质量才能实现标准化，否则产品质量就难以保证。三是量力而行，逐

步推进。产品采取集中标准化生产是降低经营成本和保证经营稳定性发展的必要条件，但发展中心厨房，实施标准化生产必须量力而行，讲求实效，防止盲目投资。四是注重发展外协，降低风险。根据企业发展现状和模式，走中心厨房和委托供应商加工配送相结合的路子，利用供应商的优势，实现优势互补，降低企业的投资风险。在企业标准化建设中，还要充分发挥产学研联合以及科学化管理体系的重要作用，同时要认识到中式快餐的工业化是一个艰巨的过程，特别是标准化体系的建立需要长期不懈的努力，是一个积累的过程，更是一个实践、借鉴和创造的过程。

7.4.4 强化绿色、健康理念，实施产品创新，培育核心产品

肯德基以肉类产品为核心产品。为了适应中国人的口味，2000年，肯德基诚挚邀请了40余位国家级食品营养专家，成立了中国肯德基食品健康咨询委员会，这一行动在肯德基开发适合中国人口味的产品、产品的多样化和产品营养方面发挥了至关重要的作用。自2000年以来，肯德基开发了很多具有中国特色的产品。肯德基作为国际品牌，仍然如此重视产品创新和开发展，倡导健康、营养、绿色的经营理念，值得我们很好地学习和借鉴。金德利作为中式快餐，在发挥自身优势的基础上，要进一步转变经营理念，强化绿色、健康理念，推进产品创新和核心产品的培育。

一是对产品进行细分，明确金德利核心产品、辅助产品、季节节令产品和特色产品，并制定和执行好每一个产品的标准。核心产品就是金德利拳头产品，所有金德利快餐店统一经营的产品应掌握在一个合理的数量，包括粥类、主食、菜品、小菜、糕点、副食等，每个品种的新产品也要保持一定的数量，要根据市场变化注重核心产品的开发，不断补充和更新。辅助产品是对核心产品的补充，对各类产品的延伸，经过一定时间的培育成熟后可推广转化为核心产品。季节节令性产品，应根据季节变化和节日的需求及时推

出。特色产品就是根据各快餐店所处位置、所服务的群体不同，开发部分特色产品，主要是满足不同客户的需求，像中高档产品、老年产品、儿童产品等。要使金德利产品形成特色突出、品种齐全、质量统一、营养均衡、口味适宜、价格适中、配餐快捷、中高低档结合、适合各类消费群体的大众化中式快餐，同时确保每一种产品都能做到质量、口味的标准化，不断提升金德利的核心竞争力。

二是尽快建立产品研发中心。建立产品研发中心是产品标准化的前提和基础。一个产品标准的制订，必须经过产品的试制、定性、成品，才能制订出产品标准，进而实现标准化。研发中心也是产品的创新和开发中心，是形成企业自主知识产权，培育企业核心竞争力的关键。

三是注重产品的营养。随着人们生活水平的不断提高，广大消费者已由过去的吃饱，逐步向吃好、吃得营养健康发展。2005 年，我国首次发布“中国居民营养膳食与营养状况变迁”系列报告，指出我国居民膳食结构正处在变迁期，其特点是脂肪、能量摄入增多，居民体力活动减少，进入慢性疾病易发时期。这就要求快餐企业及时转变经营理念，在注重产品质量的同时，关注科学膳食，逐步实施科学营养搭配。首先要在原料上实施科学营养搭配，原料的科学搭配和选择，是实现产品营养均衡的基础。其次要逐步改进烹饪方法，逐步减少油炸制品，实施科学烹饪，尽可能地减少对产品营养的破坏，提高产品的营养价值。再次要注重实施科学配餐、均衡配餐，特别是对于套餐，既要保持质量、口味，又要注重营养和均衡，实现荤素搭配、营养结构合理。通过实施科学的配餐和烹饪，使中式快餐达到营养的要求。

7.4.5　推进食品质量、环境、安全认证，建立质量保证体系

随着原料供应量的逐步增加，建立一套完善的检验系统显得极为重要。单一地对色、香、味、形、质几方面进行感官评判的主观

性检验已不能适应大批量生产供应的需要。只有通过精密度较高的分析仪器，对原辅材料的品质、成分进行分析，对产品的理化指标、卫生指标进行分析，并对菜品有较详细的质量规定，才能真正实现统一质量的目标。

目前金德利公司已经成为济南市实施无公害食品生产的企业之一，建立了产品质量检验和考评体系，但与先进的快餐企业相比还有一定差距。因此，随着企业产品逐步实现工厂化生产，为了确保产品质量，应积极创造条件推进产品质量体系 ISO9001、环境体系 ISO14001 和食品安全关键控制点 HACCP 认证，提升企业综合管理水平，确保产品质量。

7.4.6 强化供应商合作，大力发展战略供应商

产品质量的统一是产品原料、加工工艺和操作规程的统一。原材料的品质直接影响着产成品的质量。金德利作为快餐连锁企业，必须根据产品质量和工艺要求，通过公开招标、集中采购，确定长期的、稳定的原材料供应商，确保供应及时和品质稳定。

一是注重原料供应商的发展与合作，严格按照国家的有关规定和企业产品质量标准的要求，选择有一定实力和规模、具有良好信誉的经营者作为企业的供应商，在合作中建立长期稳定的合作关系。

二是逐步发展成品供应商，实施部分产品的外协加工。对于一些工艺复杂、投资比较大、销量不是很多的产品逐步实施外协加工，通过与部分食品生产企业合作，按照标准和要求，委托其进行生产加工，不仅可以利用社会资源来满足企业经营的需要，而且可以减少企业风险，实现优势互补，合作双赢。

三是与供应商建立战略合作关系。随着企业规模的不断扩大，供应商对企业的影响越来越大，选择合适的供应商，并与供应商建立战略合作伙伴关系，对于企业稳步健康发展至关重要。供应商不

一定要选择规模最大的或是技术最先进的，而是要选择最合适，选择那些具有成长性和创新性的供应商，使企业订购产品对供应商的影响力比较大，双方能够建立起长期的合作关系，供应商能够根据企业的需要开发新产品或新技术，以不断提高供应商配送产品的质量和水平，企业通过不断扩大订货量，实现双赢。

7.5　实施科学化管理，全面提升服务水平

7.5.1　引进先进的管理理念

餐饮业有这样一句话："成在经营，败在管理"。随着企业规模的不断扩大，管理的难度加大，企业仍以传统方式进行经营管理，带来的结果必然是失败，在餐饮企业中因管理不善造成企业失败的例子比比皆是。金德利现已实现了规模连锁、集团化经营，管理已经成为企业能否实现快速、健康发展的关键。在当前快餐业竞争日益激烈的情况下，只有以科学的、先进的管理理论为指导，引进先进的管理理念，才能保持企业的可持续发展。一是始终树立创新的管理理念。根据企业规模、经营范围、经营区域的变化，不断创新管理方式，使管理能够及时触及到每一个经营网点，确保管理的有效性和及时性。二是树立网络化、信息化管理的理念。通过现代先进的网络化、信息化管理手段，对所有网点实施有效管理。三是树立以人为本的管理理念，以顾客、员工为本，强化员工为顾客服务、企业为员工服务的思想，实现员工与企业的双赢。四是学习海尔的 OEC 管理理念即"日事日毕、日清日高"，使日常管理实现制度化和程序化，使企业的日常管理稳步提高。五是积极引进服务外包的管理理念，对自己做不好或成本较高的业务，通过外包，利用社会上的优势资源，来实现企业的管理和经营目标。通过不断地学习和引进先进的管理理念，使企业管理始终适应外部环境的变化，提高管理水平和管理能力。

7.5.2 加快建立管理服务标准体系

管理系统是驱动快餐企业连锁经营规模发展的轴心主动轮。管理是为经营服务的，没有一个严格、科学和运转有序的管理系统，中式快餐连锁企业连锁店开得越多，规模越大，失败的几率越高。管理系统是对总部各职能部门和分店各业务环节管理权限的界定与控制。管理制度的建立和管理方法的设定，强调的是对业务流程的专业协调管理；每项业务流程的科学化管理，强调的是门店的每个人员、每个岗位合理设定，每个人员作业流程的定时、定量的简单化管理。作为快餐企业，只有建立统一的标准化管理体系，使管理的每一个环节都实现或逐步实现管理的标准化，企业的整体管理水平才能不断地得到提高和升华。一是制定完善的运营管理手册，实现所有岗位制度的标准化。二是建立流畅的工艺流程标准体系，实现管理过程的标准化。三是建立科学化的决策管理系统，使管理决策实现程序化，提高科学决策的效率。四是建立服务程序的标准化，使服务态度得到改善，服务效率得到提高，服务质量得到提升，达到顾客满意度提高的目的。

7.5.3 强化细节管理，打造特色服务

细节决定成败。麦当劳营业员在销售汉堡时，都会及时问一声顾客是否还要一杯可乐，若得到顾客否定的回答，决不会再问第二遍，否则的话就会引起顾客的反感。肯德基要求员工见到顾客，三米的距离就要报以微笑，一米的距离就要问一声您好。这些细节使顾客体会到了细致的服务，感觉到了一种非常温馨的氛围。管理已经深入到了企业经营的每一个环节。管理就是每一个岗位上标准化的总和，只要在一个环节上没有实现标准化或者细节没有做好，就会影响到整个管理水平的提高。就像每一项工作都做到了99%，可以想像出最终的结果会是怎样？强化管理必须从细节做起，每一个

环节、每一个岗位、每一个动作都要实现标准化，管理细节才能实现标准化。服务是快餐企业生存和发展的关键，良好的服务态度和高超的服务水平，会不断赢得顾客和牢牢抓住顾客。服务体系和服务方式的创新是无止境的。金德利要想在激烈的竞争中处于优势并不断发展，就必须极力推崇“顾客至上”的服务宗旨，依托中式餐饮文化，形成具有中式快餐特色的服务体系，并不断创新，使企业在服务水平的不断提高中得到持续发展。一是从细节入手提升服务品质，重点从为客户提升价值方面入手，不做交易营销，而是树立关系营销思想。在营销策略方面，学会搞事件营销，借鉴工业企业的一些营销做法，经常搞一些营销推广和促销活动，给顾客一些返利点、折扣点、积分卡、优惠卡、贵宾卡、优惠券等，巩固老客户，开发新客户，提高顾客的回头率和忠诚度。二是不断提高服务效率和水平。要借鉴洋快餐的做法，把速度服务作为一个整体概念，具体体现在点餐快、备餐快、交易快三个基本服务环节上。进一步规范服务态度和服务程序，实施科学规范的服务，使三个环节互相促进，达到快速优质的服务要求。三是实施量化服务。把服务的抽象性和复杂性通过员工手册和服务规范进行量化，服务人员的言语、仪容、态度、观念和行为举止都要有严格的规定，通过企业培训，将这些细化的服务标准灌输给员工，使服务工作标准化、定型化、统一化。由于餐饮服务业的产品服务因素含量较高，其质量控制问题比较复杂，因此，必须提高服务人员自身素质，选择具有较高文化修养、熟练掌握技术、一定服务艺术和良好职业道德的服务者，是提高服务质量的关键。

7.5.4　推进量化管理，提高科学化管理水平

量化管理是标准化管理的基础。麦当劳和肯德基要求卫生员每15分钟就要清理一次洗手间，正是因为洗手间的清理工作实现了量化管理，才保证了洗手间任何时候都是干净卫生的。顾客在肯德

基用餐完毕，餐桌卫生清理人员要先用带有洗洁净的抹布擦一遍，再用半干的抹布擦一遍，最后用干抹布擦一遍，同时对桌子的擦拭方法也作了详细规定，确保了顾客用餐后桌子干净如初。通过每一个岗位、每一位员工工作的量化分解，确保了管理工作的标准化。中式快餐之所以管理水平还不够高，就是因为管理中定性的东西太多，而定量的东西不够。因此必须把管理中的每一个环节、每一项工作、每一个动作都实现定量化，而且要严格执行，始终如一，持之以恒，让每一个定量标准动作成为员工的自觉行动，管理水平才会有一个大的提升。

7.6 强化品牌意识，创建国内一流品牌

7.6.1 强化名牌意识，打造特色品牌

品牌是生产者或者经营者为了标识其产品，以区别于竞争对手，便于消费者认识而使用的显著的标记。品牌是商品质量内涵、市场价值的评估系数和识别徽记，是企业参与竞争的无形资本。创品牌的过程必然是产品质量不断提高和树立良好企业形象的过程。在市场上，品牌首先是一种质量保证，消费者可以用品牌来轻而易举地识别产品质量，企业的品牌就是它的市场价值和核心竞争力。由此可以看出，品牌是销售过程中，产品品质和来源的保证，它有助于消费者购买自己偏好的商品，以得到最大的满足。当产品质量出现问题时，有助于消费者的损失得到补偿。品牌绝不是一个单独存在于市场之中的东西，它是在许多市场之外建立起来的一种信念，这种信念一旦形成，最终会在潜在消费群体中产生类似迷信的概念。事实证明，一个享有盛誉的品牌，将是企业一笔巨大的财富。而名牌是具有较高知名度、美誉度和忠诚度的品牌。名牌内涵体现在两个最主要的方面的结合：知名度＋美誉度。任何产品或服务，如果只有知名度而缺乏美誉度的话，注定要在短时间内丧失生

存的能力，只能是一个具有较高知名度的品牌，而不是名牌。品牌是企业发展的基础，名牌是企业发展的追求。企业要在追求较高知名度的同时，努力培育企业的美誉度和忠诚度，才能在市场竞争中得到成长和发展，否则的话只能是昙花一现。金德利作为大众化快餐，应始终坚持品种多、质量稳定、价格适中、服务优良等经营特色，在消费者中形成良好的品牌形象，形成大众化经营的特色品牌。

7.6.2　强化企业品牌形象的培育

1. 加快企业品牌标识化的统一。品牌是消费者识别商品的分辨器，品牌的图案、文字等与竞争对手的区别，代表本企业的特点。目前金德利已经建立起自己的品牌标识体系，包括品牌的图案，一个“金”字演化体和金色的“小房子”的有机结合；文字“金德利快餐”红底黄字的统一搭配，显示出金德利品牌的醒目和红火，已经在消费者中形成了自己的特色形象。

2. 加快企业品牌内在品质的提升。麦当劳餐厅的产品和用具，像吸管直径的大小、面包的大小厚度、可乐的温度、牛肉饼的用料和厚度、柜台的高度、顾客的等待时间等等，都是经过科学的试验和测试后达到的最佳效果，使顾客到麦当劳后各方面都能感到舒适和满意，产生对麦当劳的信任，这就是麦当劳品牌的内在品质。通过用优质产品、优良服务体现企业核心价值。金德利要实现品牌的不断提升，就必须在品牌的内在品质方面下功夫，始终以顾客为本，大力推进科学化、人性化、标准化管理服务，使企业的品牌内涵延伸到企业的方方面面，让消费者对企业的产品质量、服务、环境等都感到满意，使顾客产生依赖性和信任感，成为企业的忠实顾客，企业的品牌才能得到不断的提升和发展。

7.6.3　加快推进企业由区域品牌向国内知名品牌的发展

西式快餐非常注重品牌意识，麦当劳、肯德基的品牌与企业形象经过了几十年的沉淀和积累，具有悠久的历史和品牌优势。这种优势也是他们在经营扩张中刻意维持和广为宣传的。随着社会经济的发展，人们选择的商品在质量、技术上的差别日益缩小，能赢得顾客的就只有“品牌”二字，只有树立自己的品牌，才能求得生存和发展。

传统快餐业采取小规模单独经营方式，一般定位于本地市场，主要依靠顾客的口碑来建立快餐店的声誉。而现代快餐业由于采用大规模的生产方式，要求进行大范围的宣传促销，以争取尽可能多的顾客市场，传统的促销做法已无法适应新的竞争需要。利用各种传媒和渠道开展大量的促销活动，已成为现代快餐业提高企业知名度必不可少的手段。

金德利目前已经走出济南，实现了区域品牌向国内品牌的拓展，但是，金德利仍然以店面品牌宣传为主，推广品牌的方式仍然比较单一，一定程度上制约了品牌知名度和影响力的快速提高。提高品牌影响力必须实施品牌营销，开展多种形式的品牌推广，加快金德利由区域品牌向国内知名品牌的发展。

1. 加大对广告宣传的投入。针对目标市场开展有针对性的广告宣传，使金德利尽快在目标区域提高知名度，形成品牌的影响力。积极创造条件，利用一些新闻媒体开展一些公益性广告宣传；根据企业的发展，争取在全国性的知名新闻媒体或网络媒体开展形象推广，更大范围地提高企业的品牌知名度，提升企业的影响力。

2. 积极参加国家有关部门开展的餐饮品牌宣传和推广活动。通过参加全国性或国际性的专业展会、餐饮博览会、厨师节等，来进一步提高企业的影响力和知名度。

3. 积极参与社会公益事业，树立企业良好的社会公众形象，增强社会责任感。

4. 有计划、定期开展一些营销活动，培育新的消费者，巩固老顾客对企业的忠诚度，不断提升企业品牌的影响力，始终保持品牌的吸引力。

7.6.4　推进品牌文化建设，培育核心竞争力

在感性消费时代，“品位”二字越来越受到人们的追捧，高品位就是高价值的体现。对品牌来说，提升品位的最好途径就是文化。现代消费行为的一个重要特征，就是越来越重视产品服务中体现的情感、感觉等文化心理因素。

世界著名的企业品牌，无一不是在品位精细化上做足了功夫。著名的星巴克公司，被美国《财富》杂志评为全美最受尊敬的十家企业之一。星巴克很少做广告，但却独创出一种体验式营销。星巴克认为，消费者来到星巴克，消费的是浓浓的香醇的咖啡，但更重要的是，这里为他提供了一片安静、舒适、惬意的休闲空间。为了营造这样的小资情调，星巴克的室内设计非常艺术化，背景音乐、服务生、桌椅摆放、墙面装饰，衬托着浓浓的咖啡香味，营造了独特的星巴克咖啡文化，这就是其品牌的核心内涵。海尔在创造“海尔，真诚到永远”这一文化特性时，以传播海尔文化而使品牌知名度和美誉度得到大幅提升。

金德利已经积累和形成了一些品牌的文化元素，如企业产品质量所体现出来的安全、卫生、品种丰富、口味可口等。应进一步把这些文化元素提升到一种新的、健康和谐的消费理念上来，提升企业的品牌文化内涵，使企业的品牌文化成为企业的核心竞争力。一是在产品和服务层面。这一层面上的文化提升就是要推出能提高人们就餐质量、推动社会物质文明发展的产品或服务，并能引导一种新的、健康的消费观念和消费方式。如大力倡导科学膳食、均衡膳食，大力开发绿色营养食品等，形成绿色、营养、健康、科学的饮食文化。通过企业文化的塑造，为消费者创造实实在在的实惠，把企业文化信息通过各种途径传递给消费者，变成消费者对品牌的信任。二是品牌文化层面。品牌有无竞争力，能否成为名牌，在技术、质量差异不大时，主要取决于品牌是否具有丰富的文化内涵。

肯德基、麦当劳充分突出企业的商标设计、口号、电视和杂志广告等。肯德基的CIS整体形象的策划，在外界做了一个统一的山德士上校形象，从KFC这几个英文字母到山德士上校形象，使人们会迅速联想到肯德基汉堡和炸鸡，这对提高肯德基的知名度、提升其品牌形象起到很大的促进作用。金德利要逐步完善CIS系统，特别是形象标志，逐步把形象标志同企业的文化内涵有机结合起来，建立具有独特造型和充分延展性的企业形象，赋予企业形象充分的企业文化内涵，在消费者中建立起可信赖的品牌形象。三是企业文化层面。即在营销过程中，对企业优秀的理念文化、行为文化、物质文化、制度文化进行组合，有效地传达给社会，以塑造良好的社会形象。其中，理念文化是核心，它包括了一个企业的价值观、企业精神、企业道德。正如海尔员工所说，我们认为最重要的还是品牌的内涵，就是我们的每一个员工、每一个与外界打交道的人员、每一样产品，都让用户感到实实在在。这就要求我们企业和每一个员工，你所做的每一种产品、提供的每一种服务，都是企业品牌的传播和形象的展示。只有使企业文化深深印在每一位员工的心里，每一位员工都时时刻刻去塑造和维护品牌形象，企业的品牌才具有了文化影响力。

用文化提升品牌价值，要善于选择更适合企业产品和服务特点的文化资源。在产品设计、市场定位、包装广告、公关形象、促销服务等营销活动中，要结合时代精神、消费态势，通过与消费者沟通构建一种价值观念。这些文化理念体现的价值沟通，贯穿于整个营销活动的各个环节中，成为开展营销全过程的指导思想。只有通过文化塑造的品牌，才具有强大生命力，才能成为企业发展的核心竞争优势，成为消费者公认的品牌。

7.7　强化人力资源管理，提高市场竞争力

管理是一门科学，更是一门艺术。人力资源管理是管理人的艺

术，是运用最科学的手段、更灵活的制度调动人的情感和积极性的艺术。任何企业要发展都离不开人的创造力和积极性，餐饮企业作为劳动密集型企业，是人员集中的行业，企业只有通过重视对员工的激励，根据实际情况，综合运用多种激励机制，把激励的手段和目的结合起来，改变思维模式，真正建立起适合企业特色、适应时代特点和满足员工需求的开放的激励体系，才能在激烈的市场竞争中立于不败之地。

7.7.1　树立以人为本、长远发展的人才观

当今企业的竞争就是人才的竞争，没有一支高素质的人才队伍，就会影响和制约企业的快速健康发展。金德利公司经过多年的积累，培养了一批管理和经营人才。但在人才的层次结构、人才引进方面还不能满足金德利快速发展的需求，必须强化人力资源管理，树立以人为本、长远发展的人才观，建立具有金德利特色的人力资源管理体系。一是坚持以人为本。金德利作为餐饮服务型企业，应通过生产出优质的产品，为顾客提供满意的服务。这点没有高素质的员工队伍是难以做到的。企业只有坚持以员工为本，通过员工的共同努力，才能更好地为顾客服务。二是树立长远发展的人才观。紧紧围绕着企业发展的战略目标，使员工的职业生涯与企业的发展目标相一致，通过一代一代员工的共同努力，来实现企业长远发展的目标。

7.7.2　注重人力资源规划，建立人才储备库

企业发展离不开人才。随着企业发展步伐的加快，企业需求的人才越来越多，仅靠人才招聘已不能满足企业的需求，同时一些关键人才通过招聘也不能达到企业要求。企业要实现可持续发展，必须搞好人力资源规划。企业人力资源规划要根据企业发展战略的要求，针对不同时期、不同阶段、不同战略、不同人才需求，制定出

企业人才引进、培养、储备的规划，确保根据企业发展的不同要求，为企业输送不同的人才。一是建立人力资源动态规划。根据企业的发展，形成人才动态流程。通过人才的引进、使用、留用和淘汰，使企业需要的人才进入企业，不适合企业的人才逐步淘汰，实现企业人才的合理流动。二是加强人才储备。从战略的高度看待人才储备，不能只顾眼前利益，不注重人才的积累和储备，使企业丧失优势，影响企业发展。三是处理好人才储备与人才使用的关系。若只注重人才储备，而不注重人才的使用和发展，就会造成人才的浪费和流失。要围绕企业的发展战略，开发人力资源，提升企业在人力资源方面的竞争优势。

7.7.3 建立完善的人才筛选、引进和选拔机制

1. 实现人才的统一招聘。目前金德利的人才招聘主要是各快餐店直接在店内招聘服务人员，造成招聘人员层次较低、素质不高，招聘后培养成本加大，不利于高素质人才的引进。应按照现代企业人才招聘的要求，以集团人力资源部为主，与各子公司协调配合，各子公司根据企业发展需要，提出人才需求计划和要求，由集团人力资源部牵头，集中到大中院校、职业学校、人才市场进行招聘，并通过集团培训中心集中培训，按需求分到各子公司工作。人才招聘应建立严格统一的招聘程序，制定统一的人才筛选标准，对不同岗位、不同部门、不同层次的人员，要制定不同的招聘标准和招聘程序，提出不同的要求，使招聘的人员能够在最短时间内发挥作用，逐步提高招聘人员的整体素质，降低招聘成本，提高人才的使用效率。

2. 建立具有激励作用的选拔机制。建立人才培养、选拔机制，形成人才成长梯队，是企业提高竞争力、充满朝气活力之根本所在。麦当劳等企业都建立了具有自己特色的人才培养选拔机制。金德利的人员，主要包括管理人员、技术人员和基层服务人员。企业

必须根据人员的职能不同，制定不同的选拔机制，按照机会均等、公平竞争的原则，建立一套完整的人员晋升发展机制。按照市场经济的要求，解放思想，打破常规，全方位、多层次选贤任能，打破地域、年龄、身份界限，通过公开招聘等方式，选拔经营管理人员和所需人才。每一个人员在一个岗位，通过努力，经过考核竞争，择优选拔，都可以获得晋升机会，然后在新的岗位上通过努力和知识积累，从而再获得新的晋升和发展。用这种公平、竞争的晋升机制，去激励每一个员工通过努力去实现自己的职业追求。

7.7.4 建立多层次的员工培训体系

员工的发展与企业建立的连续不断的培训体制是分不开的。目前国内外发展较快的餐饮企业都建立了自己的培训体系，其中有不少企业已经或正在建立自己的培训基地、培训中心或企业院校。这些培训基地和设施，为人才的培养提供了舞台，其师资的选配、课程的科学设置，实用性、超前性、系统性知识的传授与掌握是人才真正得以成长的根本。麦当劳自办“汉堡大学”，区别对象，提供两种不同侧重的课程设置，一个是 BOC，一个是 AOC。BOC 的培训目的是教育管理人员制作方式、生产及质量管理、销售管理、作业及资料管理、利润管理等。而 AOC 则侧重训练更高层次的管理人才，根据所需要的知识安排课程，其中包括质量、服务、卫生的研究、提高利润的方式、原料的识别、器具的维修、教育训练与人际关系、服务、管理等。规范、有计划、分步骤的人才培养，为麦当劳集团的稳定、提高、发展源源不断输送了各级实用人才，有效地充实和加强了企业的后劲和发展动力。国内很多企业都结合各自实际，开展了各种形式的培训。有的通过与部分学校联合办学，有的采取请进来、送出去等方式，目的都是实现企业员工整体素质的提升。

目前金德利还没有能力创办自己的学校，尽管金德利已经拿出一定的资金，对员工开展了多种形式的培训，但是这与企业的发展要求还不相适应。还必须在学习和借鉴国内外经验的基础上，逐步建立自己的人才培训体系，针对不同层次的人员采取不同的方式开展培训。

一是决策层。指的是包括集团公司、各子公司董事会、经理层在内的企业高层领导。他们是企业的神经中枢，企业的所有重大决策都出自这个层次。因此，决策层人员个人素质、能力、水平、品德的高低，直接影响到企业的决策正确与否，直接关系着企业的兴衰成败。当前优秀企业家应具备的素质包括“十项品德”和“十项能力”。“十项品德”包括：使命感、信赖感、诚实、忍耐、热情、责任感、积极性、进取性、公平、勇气。而“十项能力”则指：思维决策能力、规划能力、判断能力、创造能力、洞察能力、劝说能力、对人的理解能力、解决问题的能力、培养下级的能力、调动积极性的能力。企业决策层的培训，应着重政治素质、决策水平、领导艺术、思想境界、广阔视野等方面的培养和积累。

二是管理层。指的是分店与部门经理、技术总监、各子公司中层骨干等。这部分人担负着承上启下的重任，领导层的决策能否实施，在很大程度上要依赖他们。他们要有较高的素质、较强的组织、指挥、协调、机动能力，能够把决策实施过程中存在的问题及时反馈上来，并提出处理意见和建议。这部分人是企业的重要资源，这些人员素质的高低直接关系到企业的运营。企业中层人员的培训，应重点围绕着政治素质、个人能力、业务水平、知识广度、创新能力、团队精神、沟通协调能力、管理技能等方面进行多方面的培训，不断提高管理层的能力和水平，更好地发挥他们在企业发展中的中坚力量作用。

三是执行层。指的是一般技术、服务、行政、后勤人员。这部分人员流动性比较大，但处于第一线，直接影响企业的产品和服务质量。对待这部分员工要特别加以关心和爱护，按规范要求对他们进行岗位培训，重点突出职业道德、操作技能、服务水平的培训，不断提高他们的实际操作能力和执行能力，确保公司制定的每一项制度和标准得到全面和持之以恒地执行。

同时，在实施分层次培训的基础上，应注重培训体系的建立，提高培训的有效性。

第一，每一层次的培训都要形成体系化。培训必须围绕企业发展目标和员工职业生涯进行设计，注重培训的多样化、长期性、系统性。

第二，培训应具有前瞻性。不能为培训而培训，而要根据企业发展趋势来确定阶段培训的主要方向和受训人群，培训必须要有目标性和前瞻性，这样在新项目启动时，员工才能及时满足企业需求。

第三，培训应激发员工的参与性和主动性。培训不是被动的，是企业和员工的共同需求，只有被培训者变“要我培训”为“我要培训”，企业培训才能与员工的职业生涯相一致，实现企业与员工的共同发展。

第四，培训要伴随企业发展的全过程，应具有长期性。培训效果的体现具有滞后性，很难立竿见影，尤其是工作效率的持续性提高和对组织绩效的持续贡献上难以很快见效。企业需要提供长期化的企业培训制度、培训体系、不断完善的培训内容等。

第五，加大对培训的投入。从成功企业发展的历程来看，随着企业的发展，企业培训的投入也在不断增长。金德利必须每年根据培训计划，逐步增加对培训的投入，使培训费用逐年提高，满足企业对人才培养的需求。

7.7.5　强化关键人才的培养和储备

据有关资料显示，一位麦当劳的餐厅经理，需要花费 500 万元的投资与超过 450 个小时的训练，麦当劳教导员工一生受用的技能与价值观，让员工有学习发展与个人成长的机会。由于企业重视了员工培训，企业实现了不断地发展和壮大。

企业发展中，专业人才的作用越来越突出，培养人才、引进人才和建立人才培育机制成为当务之急。应通过外来引进和自我培养相结合，以自我培养为主，完善企业的人力资源系统，逐步建立企业的内部培训体系，形成人才的输送机能，这是支撑企业发展的重要基础。随着金德利的快速发展，一些关键岗位人才的缺乏已经严重影响和制约着金德利的发展，像产品研发人员、食品营养人员、物流管理人员、品牌和市场经营策划人员、企业高级管理人员、企业战略规划人员等。随着集团建立和一体化发展的加快，金德利必须加快关键人才的培养和引进步伐，尽快在关键人才引进方面实现突破。把自我培养和重点引进结合起来，对于掌握核心技术的人员，以自我培养为主，通过培训或送到重点大学进行集中学习，提高金德利自主研发和创新能力，使金德利在企业战略规划、产品研发创新、市场经营方面实现较快提升。

7.7.6 建立有效的人才激励约束机制

人才引进后，关键是培养、使用和留住人才，充分发挥好人才的作用。因此，必须建立人才的激励和约束机制，让每一位人员在自己的工作岗位上，通过努力，在为企业发展做出贡献的同时，个人不断成长、各方面待遇不断提高。要形成一种积极向上、有利于调动广大员工积极性、有利于人才脱颖而出的激励机制和绩效考核机制，形成一种良好的人才使用、培养、提升的氛围，使金德利成为各类人员的聚集地，通过引进人才、培养人才、使用人才、留住人才来推进金德利事业的快速发展。

一是制定科学、公平的激励机制。激励制度首先体现公平原则，在广泛征求员工意见的基础上出台一套大多数人认可的制度，并且把这些制度公布出来，在激励中严格按制度执行并长期坚持。

激励制度要与考核制度结合起来，以考核促激励，这样才能激发员工的竞争意识，使这种外部的推动力量转化成一种自我努力工作的动力，充分发挥人的潜能。在制定制度时要体现科学性，也就是要做到工作细化、准确，必须系统地分析、搜集与激励有关的信息，全面了解员工的需求和工作质量的好坏，不断地根据情况的改变制定出科学的激励政策。

二是建立多层次激励机制。根据本企业的特点采用不同的激励机制，对不同层次的人员也要建立不同的激励机制。例如可以运用工作激励，尽量把员工放在他所适合的位置上，并在可能的条件下轮换一下工作以增加员工的新奇感，从而赋予工作以更大的挑战性，培养员工对工作的热情和积极性。日本著名企业家稻山嘉宽在回答“工作的报酬是什么”时指出“工作的报酬就是工作本身”。可见工作激励在激发员工积极性方面发挥着重要作用。其次可以运用参与激励，像目前企业普遍采用的荣誉激励机制，就是一种比较有效的方法，在西方的企业中也普遍采用。例如美国 IBM 公司有一个“百分之百俱乐部”，当公司员工完成他的年度任务，他就被批准为“百分之百俱乐部”成员，他和他的家人被邀请参加隆重的集会。结果，公司的雇员都将获得“百分之百俱乐部”会员资格作为第一目标，以获得那份光荣。这一激励措施有效地利用了员工的荣誉需求，取得了良好的激励效果。企业的激励方式多种多样，应根据企业不同阶段、不同过程、不同对象，采取适合企业背景和特色的方式，制定出相应的制度，创建合理的企业文化，通过综合运用不同种类的激励方式，进一步激发出员工的积极性和创造性，推进企业更好发展。

三是注重激励机制创新。创新激励机制，必须全面体现科学发展观的要求，坚持以人为本，抓好领导干部队伍、经营者队伍和技术人才队伍三个关键环节，建立健全以品德、知识、能力和业绩为导向的考核评价体系，激励人、培养人、大胆使用人。按照建立现代企业制度、完善法人治理结构和《公司法》的要求，积极创造条件，营造一个良好的事业舞台，以自我培养和使用中培养人才为主，并积极通过市场选人，多渠道引进人才。逐步引进年薪制、股权、期权等激励机制，并借以经济和法律的手段来加强约束和监督，尽快形成一支高素质的企业经营管理队伍，来带动和促进金德利的快速发展。

7.8 创新发展方式，壮大企业规模

连锁经营是一种现代经营方式，它把工业生产追求规模经济效益的思想引入零售业，通过规模经营和资源共享来降低企业经营的平均成本和每一单位的边际成本来提高市场绩效，达到提高协调运作能力和实现规模经营效益的目的。连锁经营在一些发达国家已有了几十年的发展历史，在我国沿海地区和部分大、中城市已经起步，而且发展速度逐步加快，日益显示出其经营优势，已成为我国零售业、餐饮业和服务业普遍应用的经营方式和组织形式，并加快向汽车、医药、烟草、家居建材、加油站等多业种渗透，显示出强大的生命力和发展潜力。连锁经营的形式一般包括直营连锁、特许经营、加盟经营和自由连锁等，但随着市场经济的发展，连锁经营的形式也会不断创新，多业态融合、多形式发展势必为企业带来更多的机遇和活力。

从国内外快餐连锁业发展的路子来看，一般情况下，当快餐连锁企业直营连锁发展到一定规模，形成了自身的品牌和管理模式，具有较强的管控能力以后，才具备发展特许加盟的条件。特别是在中国，中式快餐发展历史较短、成熟度较低，绝大多数企业实行的是直营连锁，特许加盟连锁仍处于起步和探索阶段。因此，金德利的发展更需要紧密结合自身，进一步理清发展思路、创新发展方式。

7.8.1　坚持直营连锁为主的发展思路

从近年来国内外连锁经营的实践看，快餐业抑或餐饮业的发展在吸取了历史的教训后，主要以直营连锁为主，谨慎探索发展特许加盟。如永和豆浆、狗不理包子、全聚德、小肥羊等等，大部分连锁经营的餐饮企业都经历了品牌发展到连锁经营，自营连锁到特许加盟连锁，再到收缩特许加盟连锁战线，回归直营连锁的曲折历程。细究其由，有国内连锁经营发展历史短，尚不具备深入发展特许加盟连锁条件的原因；也有中餐标准难以制定、核心技术不易保密、加工设备难以专营等技术障碍原因；更有市场经济发育不成熟、诚信体系不完善等多种因素的制约。

金德利经过十余年的发展，已经形成了自己的品牌和经营管理模式，但是，金德利品牌仍处于区域品牌阶段，其发展主要以各子公司自主经营为主，每一个子公司的规模还不够大，其主要经营区域仍在济南和省内周边城市。由于受人力资源、配送物流规模、资金等因素的影响，对外发展步伐还不是很快，仍处于经营模式的壮大、发展阶段，因此，在一个较长时期内，仍应以发展直营连锁为主。

7.8.2　积极探索双赢的连锁经营发展方式

目前金德利公司的发展方式已经得到了社会的广泛认可，特别是通过直营连锁已经走出济南，实现了在省内多个城市和省外城市的连锁发展。但是，金德利的配送物流能力不足，发展特许加盟管控能力还不够，若盲目开展特许加盟不利于金德利的健康发展。金德利发展特许加盟需要探索出适应自己的方式。一是发展特许加盟店要符合金德利的长远发展战略。目前，在济南及金德利已经进入的城市，暂不发展加盟店。二是坚持互利共赢的原则。一方面发展加盟店要有利于金德利的发展，另一方面要实现双方的互利共赢，只有这样才能实现长期的发展。三是随着金德利的不断规范和发展，金德利将在成熟经营区域内逐步实行加盟连锁。四是逐步实行地区性特许经营权转让。按照金德利公司特许经营的要求，探索发展战略合作经营者，逐步尝试实行一定区域内特许加盟权转让经营。

7.8.3 强化经营风险，稳步发展特许加盟

连锁规模扩张发展是渐进的过程，也是长久的事业，应当依据自身的实力和条件来决定企业发展速度。规模扩张要以建立严格和高水平的连锁管理支撑体系为基础，以多方联合、走产业化的发展路子为途径，以不断丰富品牌文化内涵、推进品牌战略和人才战略、提高企业核心竞争力和品牌控制力为保证。连锁经营特别是特许连锁经营，一定要维护加盟方与被加盟方的共同利益，达到双赢效果。特许连锁经营更具挑战性和风险性，发展中若盲目推进、四面出击或简单授权，难以保证企业的稳定和长久。要以直营连锁经营为主，在企业从一个地区向另一个地区和全国市场发展中逐步采取组合式、区域式稳步推进，避免单一、简单的特许扩张方式和一味地跨越式推进，造成企业控制力减弱、管理困难和顾此失彼，防止在发展中难以提高系统服务和连锁能力，难以建立坚实的示范和支撑保证，出现加盟失误而影响企业品牌的信誉和长久发展。

7.8.4 依托品牌、技术优势，大力发展食品产业

食品和快餐是金德利的两项主营业务。十多年来，食品生产始终伴随着金德利的成长与发展，成为金德利一个不可或缺的经营特色。

1. 食品生产和经营为金德利发展发挥了重要作用。一方面，丰富多样、质优价廉的金德利食品吸引了大量消费者，也成为其他快餐企业无法企及的一个重要因素；另一方面，金德利食品发展历

史辉煌，十多年来，金德利已有 90 余个食品品种先后荣获了中华名小吃、中华名点、山东名小吃、济南市十大名优（风味）小吃、中国十佳名牌月饼等荣誉称号。特别是节令性食品的发展，不仅为金德利争得了荣誉，也为金德利的市场开拓发挥了重要作用。同时，金德利的食品与快餐两大主营业务共同发展，相得益彰。目前，金德利的食品已发展到十余个大类、二百多个花色品种，年产销量达到 4 万余吨，年产值超过 4 000 万元。

2. 金德利发展食品产业有着丰富的经验和雄厚的技术基础。从粮店最初经营烧饼、油条开始，金德利在发展快餐的同时，一路走来，始终没有放弃食品的生产和经营，并不断发展，成为其他快餐企业无法复制的一个重要原因。十多年来，金德利不断传承和创新发展食品生产技术，每年举办一至两次食品制作大赛，交流食品制作技术和创新经验，每年参加一至两次全国性的比赛或食品展销活动，不断推出创新品种，培养、造就了一大批食品生产的技术骨干，有力地促进了金德利食品生产经营的发展。

从每个快餐店独自开展食品生产和手工制作食品开始，到组建配送中心和配送公司，金德利的食品生产技术和设备也有了日新月异的进步。目前，金德利公司已经拥有了一家专业配送公司和四个中心厨房，购置了大批国内外先进的食品生产设备，培养了大批优秀的技术人才，食品生产已由过去的手工制作为主实现了向机械化和工业化生产的转变，为金德利大力发展食品生产经营奠定了坚实的基础。

3. 实施相关多元化战略，做大食品产业。快餐和食品是价值链上拥有战略匹配关系的两项业务，在技术、运营、销售、管理等各方面具有切实的范围经济性，因此，在快餐经营的基础上大力发展食品产业，对于更有效地发挥金德利品牌、销售网络优势，提升金德利的核心竞争力，意义深远而重大。

实施相关多元化战略，就要共享金德利的品牌影响力，并在发展食品生产经营中不断扩大品牌影响；要共享金德利的销售网络，加大配送力度，在原有外卖窗口的基础上，进一步扩大食品的销售量；要继续加强与各大型超市的合作，在继续扩大现场制作销售的同时，逐步实现柜台式销售；要逐步进入城乡便民超市，扩大金德利便民、利民、为民的影响，拓展食品销售渠道。

发展食品产业，更是为了培植新的经济增长点，进一步发展壮大金德利。要通过发展食品产业，更好地发挥配送公司和中心厨房的作用，不断调整产业和产品结构，发展规模经济；通过发展食品产业，进一步促进金德利产品研发和创新，不断实现技术进步，提高产品的技术含量和附加值；不断提高金德利食品的现代化包装技术和机械化生产水平，不断开发高端市场和大众化市场，以食品先行，拓展全国市场和国际市场，为金德利快餐发展探索新路；逐步扩大食品经营范围，形成规模优势，使其成为金德利新的支柱产业，从而进一步提升企业竞争力和抗风险的能力。

7.8.5 加快发展步伐，不断壮大企业规模

金德利公司经过近几年的运营，实力有了显著提升，但从企业的发展水平看，仍处于积累和夯实基础阶段。目前还没有形成别人所不可模仿的一套完整的连锁模式，没有形成自己专有的技术、设备、产品等优势。为了维护好企业的品牌和形象，做强做大企业，必须在大力发展直营店的基础上，加快发展步伐，不断壮大规模。

1. 大力发展济南店。济南作为金德利的发源地，具有生产、配送、网点、品牌、客户、信誉等优势，是其他地方所不可比拟的。目前济南市场还远远没有饱和，加快济南连锁店的发展，对于增强企业实力，壮大企业规模，积累经营经验，完善经营模式，形成规范的连锁经营体系具有十分重要的意义，特别是有利于尽快总结出连锁发展的管理机制，为更大范围的发展夯实基础。

2. 借助连锁公司已有的良好声誉，加快周边直营店的发展，

实施跨区域连锁。济南市作为省会城市，与省内各地市已经实现了半日交通圈，特别是济南周边的泰安、德州、聊城、莱芜、淄博等城市，仅有 1～2 小时的路程。应利用济南对周边城市的辐射和影响，以济南为中心，大力发展直营店，力争尽快实现区域化经营，使金德利在济南周边形成大区经营与小区经营相结合的发展态势，在济南经济圈内实现金德利大区域化经营，在各个城市实现小区域经营，使金德利的发展再上新台阶，进而建立全省营销网络。

3. 搞好国内发展规划，使金德利逐步形成全国经营的格局。目前金德利已经走出山东，进入北京市场，为金德利实施省外经营积累了经验。一是以北京市场为主，作为金德利在省外发展的重点市场，以建立金德利精品店为主，逐步扩大在北京市场的占有率，使金德利在北京市场实现规模化发展，区域化经营。二是以河北、天津市场为重点，实施三种模式同时推进，实现三种模式的协调发展，逐步抢占河北、天津市场，实现山东、河北、天津和北京市场的大区域发展。三是在此基础上，以江北各省市区为主，逐步实现金德利在北方省市的全面发展。四是逐步向江南和西部城市发展，形成全国连锁经营的格局。

7.9　强化资本运营，优化资产结构

随着金德利集团公司的建立和发展，金德利公司的资产结构发生了根本性变化，企业性质由过去的纯国有独资企业，发展成为国有控股、个人参股的有限责任公司，产权结构实现了多元化。由于金德利是在过去国有粮食企业基础上发展起来的，仍然存在着产权不清、资产结构不合理、企业债务过重等问题，影响和制约了企业发展。同时随着企业规模的不断扩大，仅靠企业自我积累发展，已不适应当前市场快速发展的趋势，如何进一步通过优化资产结构，积极推进资本运营，是企业实现快速发展需要解决的问题。

7.9.1 进一步理顺产权关系

金德利集团公司通过整合过去的企业资产，组建了集团公司，并通过投资和员工参股下设了五个金德利子公司，集团公司作为国有资产的监督管理者，行使对国有资产的监督和管理的权利，确保国有资产的保值增值。各子公司作为国有资产的经营者，直接负责金德利快餐店的经营管理。目前金德利集团所有资产由五个子公司进行使用和经营，仍然存在着部分资产闲置、产权不明晰的现象。集团公司对于没有作为资本金投入子公司的资产，需要通过产权明晰，实现国有资产的合理规范使用，既要明确产权关系，又要发挥国有资产的最大效益，确保国有资产的保值增值。

7.9.2 优化资产结构

金德利作为国有老企业，仍然背负着沉重的历史包袱，影响着企业的发展。根据金德利现在的组织结构和发展模式，集团公司要充分发挥资产运作平台的作用，指导各子公司进一步优化资产结构。一是对所有资产进行明细核算，通过优化资产结构，充分利用闲置资产，筹集资金，妥善处理好企业的历史包袱，减轻企业负担，实现企业轻装上阵。二是通过优化资产结构，使企业的最优资产用于企业最需要的经营项目，发挥资产的最大效益，实现资产的快速增值。三是通过转变经营方式，进一步调整经营结构，不断推进资产结构优化，为企业今后的深化改革奠定基础。

7.9.3 推进资本运营

金德利经过优化资产结构，提高资产收益，使过去企业长期背负的包袱得到减轻，仅 2006—2007 年两年时间，金德利集团通过资产运营，筹集资金 2 000 多万元，通过与债权人协商，基本解决了企业几十年积累的历史包袱和内外债务，企业的资产结构得到了优化。

随着企业的不断发展，企业仅靠自有积累或银行贷款来实现企业发展，已经不能适应企业发展的要求，也不适应当前资本市场发展的趋势，必须在资产运营的基础上，逐步推进企业的资本运营，实现企业资产运营向资本运营的转变。一是加强对资本市场的研究，提高对资本运营的认识。当前企业正处于一个重要的发展机遇期。从国家政策来看，国家和地方政府都非常支持具备条件的企业积极参与资本市场运作；从企业自身来看，仅靠企业自身积累发展，严重影响了企业的发展速度，资金已经成为制约企业快速发展的主要瓶颈之一。因此，加强对资本市场的研究已成为摆在金德利面前的重要课题，强化资本运营必将成为金德利做大做强的重要手段。二是进一步推进股份制改造。企业进入资本市场的重要条件就是实施规范的股份制改造。金德利要在原有有限责任公司的基础上，通过整体改制或对外募集改制等方式，实现规范的股份制改造，为进入资本市场创造条件。三是积极创造条件推进上市工作。按照企业上市的有关要求，根据金德利实际，在适当的时机，通过实施整体上市或部分上市，争取早日进入一级资本市场，实现真正意义上的资本运营。

7.10　加快推进信息化，提升科学决策水平

信息化是实现金德利科学化管理的基础和前提。集团公司只有及时、全面、系统地了解和掌握各子公司和各快餐店的生产、经营、管理、财务等方面的数据和信息，才能实现正确的决策和科学的管理。

7.10.1　提高对新形势下信息化建设的认识

企业信息化管理的能力，集中表现在不仅需要有强大的信息网

络和信息收集能力，更为重要的是要有出色的信息分析、传递和利用能力。对信息的管理使用就成了现代管理的一个突出特点。随着信息技术的推广应用和信息资源的不断开发利用，管理信息化正在向广度和深度发展，这就导致了信息管理在整个管理中地位的提升。信息管理渗透和体现在各个管理层面，无论是生产管理还是店面管理，无论是经营、决策管理还是财务成本管理，信息已经深入到企业的各个层面和全部过程。可以说，现代企业若无信息化管理，也就谈不上科学管理了。

7.10.2 强化信息化基础建设工作

积极探讨信息网络的建设。随着金德利网点快速对外发展和市场信息的瞬息万变，及时了解和掌握各快餐店的经营情况，对于提高管理效率、提高科学决策水平显得极为重要。目前随着集团一体化建设，集团公司和各子公司实现了内部电话的虚拟网络化，不仅实现了集团内部通话的无费用支出，而且对于集团内部信息的及时传递和沟通具有重要影响。同时有利于集团公司及时了解和掌握各子公司和各快餐店的情况，为各子公司和快餐店及时把经营情况报送集团公司创造了条件，使集团公司在信息网络方面迈出了重要一步。但是，这与建立现代信息系统的要求，差距还很大，还要在此基础上，研究和制定金德利生产经营和销售网络化系统，实现集团、配送、快餐店销售数据的及时采集、分析和共享，逐步实现信息化管理，科学化决策。

一是全面理解和掌握快餐企业信息化建设的体系。从目前和今后金德利发展战略要求来看，金德利信息化体系主要包括门店信息销售系统即 POS 系统、配送物流信息系统、财务成本核算系统、总部信息管理系统等，使每一个子信息系统汇成集团公司的总部信息系统，形成企业的决策信息系统。

二是利用现代信息技术，加快推进企业信息化建设。随着信息化科技水平的不断提升，目前国内已经开发和引进了先进的信息软件系统，一些先进的信息硬件系统也已被大中型快餐企业所应用。像店面收银系统，通过使用先进的 POS 系统，不仅实现了销售产品速度的提高，更重要的是通过 POS 系统，可以及时掌握每一台 POS 机产品销售情况、每一时段销售额，为企业制定和调整销售计划提供了及时而准确的信息资料。在物流信息技术方面，也已经开发出适合快餐企业使用的 ERP（Enterprise Resource Planning，企业资源计划）系统。它是指建立在信息技术基础上，以系统化的管理思想，通过企业的资源整合，实现数据共享，为企业决策层及员工提供决策运行手段的管理信息平台。系统集全面的信息与先进的管理于一身，使企业能够合理调配资源、最大化创造财富，成为企业在信息时代生存发展的基石。企业通过实施 ERP，可以改进和强化企业的物流、资金流、人员流及信息流的集成管理，从而降低生产成本，提高产品质量，提高劳动生产率，使企业提高市场竞争力。

三是加快信息化人才的引进和培养。当前金德利信息化发展不快的一个重要因素，就是企业信息化人才的匮乏，人才缺乏已经影响和制约了企业信息化的发展。加快推进企业信息化建设，必须尽快引进和培养企业的信息化人才，搞好信息化人才的培养、使用和储备，推进企业信息化的快速发展。

7.10.3　加大对信息化建设的投入

推进企业信息化建设，是实现企业现代化管理的重要基础。从目前快餐业信息化发展趋势来看，无论是中式快餐企业，还是西式快餐企业，都非常重视企业信息化的建设，把建立信息化管理系统作为企业加快发展的重要平台和基础。肯德基每一套 POS 系统，价格都比普通的收银系统高出十几倍，真功夫为了提升企业的信息化管理水平，花巨资更新了各经营网点的 POS 系统，使企业管理水平上了一个大的台阶。随着金德利对外发展步伐的加快，推进企业信息化管理水平，逐步建立适合金德利发展实际的信息化管理平台，将是企业当前和今后一个时期发展的重点，也将成为企业管理投入的重点。研究和制定信息化投资规划，加大对信息化建设的投入，将直接影响企业的发展速度和规模，促进企业管理水平的提升。

首先是尽快提升和完善金德利IC卡收费、结算系统，发挥好IC卡的作用。目前的IC卡收费系统在扩大金德利经营、方便顾客就餐方面发挥了重要作用，但在刷卡就餐和结算方面还存在着一些问题。像IC卡刷卡不便、充值网点少、维修率高、功能单一等等。必须加大投入，提升金德利IC卡的功能和使用效率。以集团公司为主，开发和完善IC卡功能，重点是完善和延伸IC卡功能，简化购卡、换卡和充值程序，方便顾客购餐，简便购餐手续，明晰消费品种。同时，积极与政府推动的银联一卡通或银行合作，扩大金德利卡的使用范围，以吸引更多的顾客到金德利就餐，通过实施信息化来促进金德利经营。

其次是建立完善的收费结算系统。目前金德利的购餐手续还比较原始，在销售统计、产品统计、财务结算统计等方面还比较落后，不利于各子公司和集团公司及时了解和掌握企业的生产经营情况，不能及时地对企业发生的问题跟踪处理，不利于应急突发事件的及时应对。因此，开发和建立各快餐店微机化收费系统，通过互联网与各子公司、集团公司实现数据共享，对于缩短购餐时间、方便顾客就餐、减少服务环节、优化财务核算等都将发挥重要作用。同时也为配送中心的及时配货、保障供应提供了保证，使各项管理工作更加及时、规范，逐步实现信息化、规范化、科学化管理。

再次是建立完善的信息收集、传输、处理和应用系统，提高企业科学化决策水平。建立以信息收集、传输、处理及应用系统，是企业信息化建设的目标和要求。应在各个信息子系统的基础上，逐步建立资源共享、集中与分散、物流、商流、资金流和信息流于一体的信息网络体系。只有所有的信息在这一网络中得到及时的收集、分析、处理和畅通时，各门店、各配送公司、各子公司和各业务部门才能高效地联系起来，才能实现信息化的资源共享，发挥信息资源在企业经营中的规模效应。像沃尔玛公司在全球有4 000多家连锁店，每家店的面积都在上万平方米，企业年营业额在1 650亿美元，这么大规模的连锁公司，其结算时间却不超过24小时，若没有现代化的信息管理系统是不可想像的。

随着金德利规模的不断扩大，依靠目前的管理系统，难以适应企业发展的需要，必须尽快推进企业信息化建设，利用国内外先进的信息管理手段和现代信息技术，结合金德利发展模式的特点，逐步开发出适合金德利发展需要的信息软件，建立起对整个连锁企业资金流、物流、事物流和信息流于一体的信息管理体系，从而提高科学决策水平。

7.11　强化危机意识，提高企业应对突发事件的能力

7.11.1　强化全员危机意识

近几年在餐饮业发生了很多安全危机事件，像“三聚氰胺事件”、“苏丹红”事件、“毒泡菜”事件、“火锅底料”事件、“薯条危机”事件、黑心火锅店用福尔马林等浸泡毛肚事件等，餐饮业的危机此起彼伏，对餐饮企业的影响是巨大的。有的企业因为一次危机而销声匿迹，有的企业因危机而一蹶不振，值得引以为戒。金德利作为快餐企业，经营品种多，仅原材料就有上百种，而且加工环节多，经营网点多，稍有不慎就会产生安全隐患，一旦发生不安全事故，就会给企业造成不可估量损失。强化安全危机意识是企业经营中的重要环节，时刻不能掉以轻心。一是要强化制度建设，规范企业行为，增强社会责任感；二是要强化产品质量管理，实施全过

程质量监管；三是要强化全员安全危机培训，坚持“先安全后生产、不安全不生产”，使安全意识深入到每一个员工的思想中，不断提高全员危机意识。

7.11.2 建立完善的危机和突发事件的应急处理机制

人无远虑，必有近忧。居安思危是每一个企业发展的重要保证。从当前社会和一些企业发生的危机事件来看，建立了完善的危机应对处理机制的企业，对待突然发生的危机，能够及时地进行处理，化险为夷。而没有建立突发事件应急处理机制的部门和企业，就会因匆忙应对，给企业带来较大负面影响。金德利集团作为大众化餐饮企业，备受社会舆论的关注，一个小小的事件都可能影响到企业的发展。因此，金德利要建立集团、子公司和快餐店三级应急处理预案，针对不同的情况制定了不同的应急处理办法，以应对危机事件的发生，并及时做好应急处理。在企业发展过程中，要不断地适应新形势的变化，不断地提高应对突发事件和危机事件的能力和水平。

一是根据企业发展和形势变化的需要，及时对应急处理预案进行修改和完善。像 2008 年 7 月 18 日发生的暴雨危害，给一些低洼地区的网点带来了很大影响，这一事件给我们的启示就是，应通过不断地修改和完善，逐步细化应急处理预案，使每一个层面在发生危机情况下都能做出正确而及时的应对，建立起应对任何突发事件的处理机制。

二是加强危机事件的应急演练和培训。对于一些可以预测的危机事件，应按照危机处理机制，积极创造条件，开展应对突发事件的演练，在演练过程中发现问题，总结经验，进一步完善预案。同时通过开展安全演练，加强对广大干部员工的培训，提高员工应对突发事件的能力，以确保危机事件发生时得到及时有效的处理，尽可能地减少负面影响。

三是把握好应对危机的原则和策略。坚持快速反应、化解危机、减少影响、重塑形象的原则。针对危机事件，既要考虑危机本身的处理，也要考虑好处理危机涉及的各方面的关系。应根据危机发生的实际情况，尽快启动应急机制，制订危机管理计划方案，执行协调方案，积极采取灵活的对策，通过加强与新闻媒体的配合，及时地将正面的信息传递出去，积极争取得到媒体大力支持，尽可能地变危机为机遇，重塑形象。

7.11.3　时刻保持警惕，积极应对每一次突发事件，确保企业的健康稳定发展

从中外企业应对危机事件来看，只要企业始终做到“三诚”，很多危机都能得到化解。一是诚意。在事件发生时，企业不能因为出了问题而躲避，而要在第一时间内，以最大的诚意给消费者以歉意，争取赢得消费者的同情和理解。二是诚恳。对于出现的问题不回避，及时与新闻媒体和消费者进行沟通，让消费者知道事情的进展和企业采取的措施，重新得到消费者的信任和支持。三是诚实。诚实是企业处理危机最关键和最有效的解决办法，消费者可以原谅一个人的错误，但不会原谅一个人的谎言，失去了诚实，就会失去消费者。只有时刻保持着警惕，按照“三诚”的要求积极应对每一次危机，企业才能真正做到化险为夷，实现企业的健康稳定发展。

7.12　加强企业文化建设，推进企业可持续发展

企业文化是企业长期生产、经营、建设、发展过程中所形成的管理思想、管理方式、管理理论、群体意识以及与之相适应的思维方式和行为规范的总和，是在一定的社会环境影响下，经过企业领导层长期提倡和职工的普遍认同，并通过不断的实践和创新而逐步形成的。企业文化以一种无形的力量蕴藏在领导层的决策和员工的

思想、行为中，渗透在企业的一切活动中，是企业的灵魂，是企业实现可持续发展的精神支柱。实践证明，先进的企业文化已成为成功企业的核心竞争力。企业文化对现代企业实现全面、协调、可持续发展发挥着至关重要的作用。

7.12.1 提高对企业文化建设的认识

企业文化主要由企业的物质文化层、制度文化层、精神文化层三个层次构成。企业文化的核心是价值观，体现在企业的规章制度、经营管理活动和员工的具体行为中。企业文化是企业发展的灵魂，是引导企业发展的重要环节，是造就企业核心竞争力的动力之源。

企业文化对内是一种凝聚力。加强企业文化建设，能够有效地将员工的思想行为统一到企业的发展愿景目标和核心价值观上来，能够增强企业内部的向心力和凝聚力，激发员工的积极性和创造力，增强企业的核心竞争力，是企业应对市场竞争、创一流业绩的内化动力，对企业整体竞争力的提升和对外扩张都发挥着重要作用。世界上所有成功的企业无不建立和形成了具有本民族和本企业特色的企业文化，没有文化的企业将是短命的，企业文化对企业的影响是长远的。

企业文化对外是一种辐射力。从企业的宣传口号、经营理念、经营行为，到企业有形的视觉标识等，都透过企业文化影响着外界对该企业的认知。加强企业文化建设，对塑造企业良好的社会形象、提升企业的美誉度、推广企业的知名度具有无比重要的意义。

把“餐饮文化”转化到企业内部，形成一套独具特色的企业文化，是企业可持续发展的内在动力。“创一流品牌，建百年老店”是金德利集团的战略发展目标，也是企业的不断追求。若要保持企业的可持续发展，防止企业走弯路，必须在发展中逐步探讨和建立适合金德利发展的企业共同的价值观和企业精神，形成和建立具有金德利快餐特色的企业文化，才能确保企业实现快速、健康、可持续发展。

7.12.2　不断丰富和发展金德利文化内涵

1. 培育金德利的核心价值观。企业核心价值观是指企业在生产经营过程中，逐步确立的企业全体员工的共同信念或共同信仰，是企业基本的、长期奉行的宗旨。企业核心价值观是企业全体员工努力追求的最高目标和理想，决定了企业全体员工特有的价值取向、追求目标和行为规范，是企业文化建设的核心内容。金德利以中式大众化快餐为自己的市场定位，就应当依托“居民厨房工程”，把方便群众生活、提高城市居民生活质量和水平、推进中式快餐事业发展作为企业的核心价值观。

企业的价值观培育需要明确地倡导和正确地指引。金德利集团要本着同生共荣的原则、以人为本的原则、科技领先的原则、产业报国的原则、文化推进的原则、信誉立业的原则，不断培育和发展其核心价值观，并在员工中广泛倡导，不断校正员工对这一价值观的认知。

企业的价值观培育需要共同的认知和长期的坚守。金德利集团要利用一切的宣传途径和传播渠道，不断深入宣传企业的核心价值观，使其逐步渗透到每名员工的思想中，成为员工的一种普遍的认知。

2. 锤炼企业精神。企业精神是指企业在长期的生产经营实践中所形成的理想、信念、敬业精神和职业道德，是企业的群体意识和精神风貌，是企业和职工价值观的集中体现，是企业文化建设的核心。企业精神的来源主要有两个：一是企业广大员工长期以来思想、行为的凝结，二是企业思想和追求的升华。

金德利的发展历史虽然不算很长，但是多年的创业和发展，已经或正在凝结出企业与员工共同的价值追求，金德利应及时地不断地提炼和升华这一结晶。金德利企业精神的形成要遵循以下原则：要充分体现金德利的经营服务理念；反映广大员工的精神风貌，体现团队的团结、开拓、创新精神；反映行业特色，体现敬业奉献精神；反映企业道德观念，体现追求绿色、健康、营养的职业道德；反映企业的经营目标和战略，体现创一流品牌，建百年老店的追求。

3. 塑造金德利企业形象。企业形象是指社会大众和企业职工对企业的整体印象与评价，是企业通过多种方式在社会上塑造起来的知名度和美誉度。企业形象的本质是企业的信誉，主要包括产品信誉、服务信誉、职工队伍风貌、企业内部团结和谐的人际关系、优美的工作环境、富有情谊而又实惠的集体福利、不断改善的物质文化生活以及企业在社会公德和公益事业方面的贡献。金德利要立足品牌形象，形成集团与各子公司品牌共享、利益共享、风险共担的团队，在企业发展的同时，达到职工多得、社会受益、消费者满意的目的。树立起职工以金德利为荣、社会对金德利认可、消费者对金德利信任的品牌形象。

4. 创新金德利经营理念。作为系统性、根本性的经营管理思想，企业的经营理念是指企业经过长期的生产实践活动，为实现企业发展战略目标，结合时代发展与企业实际而形成的基本经营管理思想。经营理念主要包括对企业环境、企业特殊使命以及对完成企业使命的核心竞争力的基本认识。实践证明，一套符合企业实际的、正确的、始终坚持的经营理念，对企业的发展意义重大。

当前，餐饮市场竞争激烈，要保持金德利快速、健康、可持续发展，必须按照市场经济发展的要求，创新经营理念，按照“质量第一、服务为本”的经营理念，加快推进金德利的发展。

一是要强化质量意识。质量是企业的生命，没有过硬的产品质量，就没有企业生存的基础。要教育员工，坚决杜绝质量意识淡薄的工作作风，牢固树立质量是企业生命线的指导思想，以质量为根本，为社会提供优质的产品、优质的服务。使每一个员工都明确，在生产每一个品种，完成每一个操作时都和企业的生死存亡联系在一起，与企业的发展、每一个员工的个人前途联系在一起。工作中，要通过质量宣传和教育培训，提高人的质量意识、操作技能和综合素质，进而规范质量行为、提高工作质量，通过良好的质量行为和出色的工作质量来保证产品质量。工作中，要使有关质量的信息随处可见。质量管理的目标、政策和相关指导必须被确定并印刷在手册中，必须要出现在信函、布告牌和适合出现的各种场合。要对员工进行有关质量知识和要求的教育和培训。要让全面质量管理起到应有的作用，企业的每个人都必须得到相关的培训和教育，必须让每个人都参与进来。必须让每个员工都置身质量流程之中，而不是让他们对质量无动于衷、无所事事。员工们都要被组织在部门的质量圈之中，参与头脑风暴活动，参与质量相关问题的研究和解决。还要培养员工的零缺陷思想。一个小的差错可能会导致更多更严重的问题，必须重视企业活动中的每个细节，所有产品和服务必须要经过特定要求和程序的检查，企业的所有行为都要与终止缺陷联系起来。

二是要强化服务意识。餐饮行业是服务行业，相对于一些生产企业，服务更是金德利的生命线。树立服务为本的理念，就要着力营造“顾客至上”的文化氛围，大力提倡为顾客服务的意识和行为，在企业内形成服务至上的良好风气；要制定和落实《员工行为规范》和《服务规范》，把规范服务纳入员工的行为准则中；要大力开展星级服务、微笑服务等创新形式，把服务理念深入每一名员工思想和行为中；要实行奖惩分明的服务管理制度，通过树立服务典型，激励和引导员工做好服务工作，提升服务质量。

三是要强化企业社会服务意识。企业由追求利润最大化向追求可持续协调发展观转变。把利润最大化作为管理的惟一主题，是造成企业过早夭折的重要根源之一。在产品、技术、知识、信息等创新速度日益加快的今天，企业可持续协调发展已经成为现代企业所面临的一个比管理效率更重要的课题。随着经济发展、社会进步和全球市场竞争的日益激烈，企业的社会责任即企业的道德规范问题受到普遍关注。企业在生产产品、获取利润的同时，必须主动承担对环境、社会和利益相关者的责任。企业推进协调发展，就要积极承担社会责任，以此拓宽管理创新的领域，改变生产方式，整合资源，减少对土地等资源的占用和浪费；要加强环境保护，发展循环经济；要协调企业内外部利益相关者的关系，促进和谐发展；要讲诚信，树立企业公信力，使之成为核心竞争力的重要组成部分等。坚持可持续发展管理观，在管理中就会注重整体优化，讲求系统管理，实行企业系统整体功能优化，注重依靠核心竞争力，不断提高市场竞争优势，注重夯实基础管理，讲求管理精细化、科学化、程序化、规范化和制度化，注重以人为本，不断提高员工素质，充分调动员工积极性，发挥其能动作用等等。

四是要强化企业成本管理意识。调查发现，金德利通过对80余个产品品种的统一，产品质量、服务都有较大程度的提升，部分产品的成本也有所下降，但是也发现不同快餐店的产品成本有较大差别，产品毛利率也有所不同。分析原因，主要是企业的产品成本控制存在薄弱环节，成本管理不到位，存在着跑冒滴漏现象，造成了同样的配方、原料和价格，而产品成本差距较大。因此，必须强化成本的全过程管理，树立成本全过程控制管理理念，无论是配送公司还是各快餐店，都应从原材料采购、领用、产品加工、产品包装、物流配送、现场制作、产品销售等各个环节进行成本核算和控制，实行产品成本的全过程控制管理，减少浪费，通过成本的控制实现成本的最优化管理。

7.12.3 实现无形文化与有形文化的统一

文化不仅是有形的也是无形的。有形文化通过具体的载体表达企业的特有性质，无形文化则是透过整体的形象表现企业的一种文化信息。有形文化需要准确鲜明而赋予个性，无形文化需要协调统一而突出风格，有形文化与无形文化共融渗透组合成一个完整的文化体系，代表着企业的精神和理念，传播着企业的思想，成功的企业文化体系是决定其生命活力和发展潜力的灵魂。

1. 加快企业有形文化的建设。企业有形文化主要是指企业物质方面和制度层面的文化，包括企业的品牌标识、店面形象、制度建设、文化载体、文化活动等建设。一是注重企业品牌形象的建设，注重品牌宣传的一致性和统一性，逐步形成长期稳定的品牌标识。二是完善视觉识别系统建设，形成具有金德利特色、色彩鲜明、醒目、美观、大方、统一的店面形象标识，给消费者留下深刻印象。同时对于集团公司的不同品牌，在店面设计上要体现差异化，体现出门面的层次性，店铺门面设计和店面装饰应体现行业特点，招牌要新颖、醒目、反映经营特色，让人耳目一新，具有震撼力的影响。三是加强制度文化的建设。在制度文化建设中，突出创新、严于落实，建立科学的企业决策机制和人力资源开发机制，制定完善的企业运行规则和经营管理制度，构建精干高效的组织架构，使各项工作衔接紧密，保证企业目标顺利实现。企业制度文化是企业文化的重要组成部分，制度文化又是精神文化的基础和载体，形成科学、完善、实用制度管理体系。四是强化文化载体建设。重点做好金德利报、金德利网站、金德利店面内部装饰的建设，使它们成为企业文化的窗口和形象，成为消费者了解和诉求的渠道，不断提升金德利形象。五是加强企业文化活动建设，针对不同时期的特点，开展职工内部的文化娱乐活动，陶冶情操，丰富员工生活，增强凝聚力和向心力。积极开展有消费者参与的企业文化活动，邀请部分消费者参观企业加工配送车间或操作间，提升消费者对企业的信任度，树立起金德利在社会上的良好形象。

2. 强化企业无形文化的建设。企业无形文化建设主要是企业精神层面的文化建设，就是要强化企业价值观的培养和建设。

一是强化企业经营者的价值观建设。企业经营者的价值观是整个企业文化价值观的“航标”。有人说，先改变张瑞敏，再改变海尔，张瑞敏改变了，海尔也就改变了。企业经营者的价值观来源于企业领导者或企业领导层的世界观和方法论。企业领导是榜样，是企业文化的影子，企业领导的所作所为传播出去，被员工所接受，就形成了影响员工行为、习惯的企业文化。

二是强化团队的价值观建设。企业团队的共同愿望和价值观是企业文化的重要组成部分，对企业发展具有很重要的影响。当好的价值理念、好的愿望在员工心目中不断强化，形成大家的一致行为后，团队的创造力才能发挥出来。金德利作为中式快餐企业，应通过积极引导和不断完善，逐步形成整个团队的价值观。像“人人是品牌、个个树形象”、“爱企业、爱产品、爱岗位”、“无私奉献、爱岗敬业”、“企业为我、我为顾客”等等，把个人利益与企业整体利益融为一体，把企业的理念和价值观变成员工个人的自觉行动，形成企业团队共同遵守的价值观，充分调动员工的积极性与创造性，增强团队合力与竞争力。

三是注重企业典型的塑造，用英雄楷模人物来推动企业文化的建立和推广。企业文化的创造和传播离不开先进人物和先进事迹，企业先进人物是企业文化的实践者和推动者，他们的先进事迹都包含着企业文化的元素，把先进人物的事迹作为企业文化的载体去发扬和展示，可以集中体现企业文化的魅力，使企业文化人格化、模特化，使员工看得见、学有榜样，比得上、模仿有型。弘扬企业楷模，展示企业形象，使楷模成为一种共同的价值趋向，企业提倡什么、弘扬什么就会形成风气，成为一种导向，形成一种辐射力。企业楷模所到之处，就会发挥出无声而有形的作用，就会在企业中造就一大批企业文化的传播者，就会涌现出更多的优秀员工，使企业文化形成更大的激励作用。

四是培养学习型组织。现代企业必须是一个不断学习的组织，才能善于创造、超前一步，始终立于不败之地。当今快餐业发展很快，新的品牌不断出现，新的竞争者不断进入，经营模式不断创新。没有主动学习、善于学习的氛围，企业就会落伍，就会止步不前。创新的起点在于学习，环境的适应依赖学习，应变的能力来自学习，只有建立学习型组织，形成良好的不断学习和创新的氛围，企业才能做到与时俱进，实现可持续发展。

7.12.4　以文化建设促进企业的和谐发展

企业的发展离不开人，没有和谐的人企关系，企业将难以发展。企业和谐发展主要是指企业内部各个系统、各种要素处于一种相互依存、相互协调、相互促进、祥和融洽、稳定有序的状态，它是企业发展进步的表现，是企业非对抗性矛盾的良好的对立统一状态，是企业发展的有序性、一致性和协调性。人作为企业发展的最主要的要素，企业要实现和谐发展，就必须实现人与企业的和谐发展。

当前和今后决定企业命运的不是企业本身，而是顾客、员工和社会，是企业的文化。科学发展、和谐发展要求通过企业文化的建设，解决企业中不和谐的因素，将和谐理念体现到企业的文化建设中。和谐理念就是把对人的研究放在企业文化建设的很特殊的位置，要求在尊重人、理解人的基础上，营造和谐气氛，通过充分调动企业的每一位成员的主观积极性，最优化达成组织目标和满足人的需要。

企业文化促进企业和谐发展，要突出以人为本，充分发挥其创造性与献身精神。要充分尊重员工的个体合理需要，尊重他们的自主管理，使之成为活动的主人，通过人在企业中的全面发展来实现企业的和谐发展。

结 束 语

战略是源于军事方面的一个概念，其应用到企业管理中，就是一种计划、谋略，或者是一种模式、定位、观念等，具体到每一个企业的战略研究，则会因地制宜，各具特色。更因管理者、战略制定者的体验和文化背景差异，形成不同的理解。

本书对中式快餐这一新兴行业中的佼佼者——山东金德利集团快餐连锁有限公司的发展战略研究，旨在利用现代企业管理理论和发展战略理论，分析研究金德利等中式快餐业的发展趋势，对快速发展的金德利以及中式快餐业进行一些理论探索，以期能对中式快餐进行业或企业的发展有所帮助。

本书从快餐行业的研究入手，运用 SWOT 分析，对金德利的优势、劣势、机会、威胁，以及内外部制约因素进行了全方位剖析，进而系统地提出了金德利的战略目标、战略选择和战略措施。基于对金德利的充分了解和管理的切身体会，文中深刻而具体地指出了企业在发展过程中的问题，有针对性地确立了制定金德利发展战略的原则，务实求是地制定了其发展战略，应当说，这一发展战略的制定，对于指导金德利今后的发展具有一定的指导意义。

但是，中式快餐的发展起步较晚，理论研究更滞后于实践，同时，我国餐饮业尤其是中式快餐尚没有国家标准，政府对快餐业的指导政策也还不很明朗，对于中式快餐的今后发展仍有许多不确定因素，因此给中式快餐的理论研究带来了许多难题，对中式快餐的发展战略研究增加了难度。另外，由城市粮店发展起来的金德利快餐所具有的便民服务、应急粮油供应功能与市场经济规律的适应性，金德利突破地域的扩张发展与地方政府实施的“居民厨房工程”、“放心粮油进社区”、“放心粮油进农村”扶持政策的适应性，金德利网点发展与城乡网点规划的适应性等也未能纳入研究的范围，亟待进一步深入研究。

本书是以清华大学高级管理人员工商管理硕士专业学位论文为蓝本，经过三年的实践考证、修改、充实而成的。在此，特别感谢清华大学管理学院魏杰教授、金占明教授的教诲和指导。在本书的形成过程中，承蒙天津大学赵黎明教授给予了积极地理论指导，山东金德利集团快餐连锁有限公司董事长赵康、济南市粮食局黄本国、周伟才、赵云霞、李忠等同志在调研、资料收集、论文修改、校对等方面提供了大量帮助，在此一并表示感谢。

参 考 文 献

[1] Micheal A. Hit，R. DuaneIreland，Robert E. Hoskisson · Strategil Management. 吕巍等，译．北京：机械工业出版社，2003.

[2] HenryMintzberg. THERISEANNDFALLOFSTRATEGICPLANNINNG. 张艳等，译．昆明：云南大学出版社，2002.

[3] Byars L. L. Strategic Management. Planning and Implementation. N. Y.：Harper & Row，Publishers，Inc.，1984. 王德中等，译. 北京：机械工业出版社，1988.

[4] Hill C. W. L.，Jones G. R.. Strategic Management Theory ：an Integrated Approach. N. J.：Houghton Mifflin，1994.

[5] Kathleenm. Iverson. 饭店业人力资源管理［M］．张文，译．北京：旅游教育出版社，2002.

[6] Jack D. Ninemeier. 张俐俐，纪俊超，译．餐饮经营管理（第三版）［M］．北京：中国旅游出版社，2002.

[7] Jack E. Miller. David K. Hayes. Leak Dopson. 餐饮成本控制［M］．天津：南开大学出版社，2004.

[8] 金占明．战略管理．北京：清华大学出版社，2005.

[9] 魏杰．企业战略选择．北京：中国发展出版社，2003.

[10] 宋云，陈超．企业战略管理．北京：首都经济贸易大学出版社，2003.

[11] 弗雷德 · R. 戴维．战略管理（第六版）．李克宁，译．北京：经济科学出版社，1999.

[12] J. 戴维 · 亨格，托马斯 · L. 惠伦．战略管理精要（第 2 版）．王毅，应瑛，译．北京：电子工业出版社，2002.

[13] 蓝海林．企业战略管理理论与技术．广州：华南理工大学出版社，1993.

[14] ［美］皮尔斯 · 鲁滨逊．战略管理：制定、实施和控制（第 8 版）．王丹等，译．北京：中国人民大学出版社，2004.

[15] 冷克平，王江．企业战略管理：理论与案例 杨锡怀．北京：高等教育出版社，2004.

[16] 孙健．海尔的企业战略．北京：企业管理出版社，2002.

[17] ［美］罗宾斯．组织行为学（第 10 版）．孙健敏，李原，译．北京：中国人民大学

出版社，2005.

[18] 弗里蒙特·E. 卡斯特，詹姆斯·E. 罗森茨韦克．组织与管理．李柱流等，译．北京：中国社会科学出版社，1985.

[19] [美] 罗宾斯等．管理学（第七版）．孙健敏等，译．北京：中国人民大学出版社，2003.

[20] 鲍威尔．组织管理决策 [M]．上海：上海远东出版社，1998.

[21] 王天佑．餐饮管理学 [M]．沈阳：辽宁科学技术出版社，1999.

[22] 宁向东．国有资产管理与公司治理．北京：企业管理出版社，2003.

[23] 陈觉．餐饮大批量定制系统设计．沈阳：辽宁科学技术出版社，2005.

[24] 郭国庆，刘凤军，王晓东．市场营销理论．北京：中国人民大学出版社，1999.

[25] [美] 萨布哈会·杰恩．市场营销策划与战略案例．贾光伟，译．北京：中国人民大学出版社，2002.

[26] G. 佩里切利．服务营销学 [M]．张密，译．北京：对外经济贸易大学出版社，2002.

[27] [美] 曼昆．宏观经济学．张帆，梁晓钟，译．北京：中国人民大学出版社，2005.

[28] 韩肃，苗钟颖，等．连锁经营管理．哈尔滨：哈尔滨工业大学出版社，2004.

[29] 何森．连锁之王：解读中国连锁企业经典案例．北京：中国经济出版社，2005.

[30] 贺昆．从零开始：连锁经营的运作与管理．北京：新华出版社，2003.

[31] 黄金平．连锁经营管理．广州：广东经济出版社，2003.

[32] 宋文官，易艳红．连锁企业信息管理．上海：立信会计出版社，2006.

[33] 赵涛．连锁企业规范化管理全书．北京：电子工业出版社，2008.

[34] 朱明侠．特许经营教程．北京：经济科学出版社，2003.

[35] 雷蒙特 A. 诺伊等．人力资源管理 [M]．刘昕，译．北京：中国人民大学出版社，2001.

[36] 于秀芝．人力资源管理．北京：中国社会科学出版社，2006.

[37] 崔保华．人力资源整合．合肥：安徽人民出版社，2002.

[38] 涂台良．现代人力资源管理手册．北京：清华大学出版社，2000.

[39] 陈黎明．绩效考评．北京：煤炭出版社，2001.

[40] 吴必达．成功企业如何培训员工．北京：中国致公出版社，2001.

[41] 白光．品牌文化．北京：中国时代经济出版社，2002.

[42] 舒咏平，等．品牌传播策略．北京：北京大学出版社，2007.

[43] 中国快餐联盟．品牌之路：赢在中国快餐．北京：中国市场出版社，2007.

[44] 齐冬平，白庆祥．文化决定成败．北京：中国经济出版社，2008.

[45] 王仁湘．饮食与中国文化［M］．北京：人民出版社，1999.
[46] 赵增耀．企业集团治理．北京：机械工业出版社，2002.
[47] 吴能敏．落实力就是战斗力．北京：新世界出版社，2008.
[48] 丘仲文，等．中、美、日企业内部控制实务——化外部监督压力为内部发展动力．上海：复旦大学出版社，2009.
[49] 王成．企业最优定位案例．北京：中国经济出版社，2002.
[50] 陈觉．餐饮营销经典案例及点评［M］．沈阳：辽宁科学技术出版社，2003.
[51] 陈觉，保满贤．餐饮管理经典案例及点评．沈阳：辽宁科学技术出版社，2005.
[52] 汪中求．细节决定成败．北京：新华出版社，2004.
[53] 饶勇．现代饭店餐饮管理创新［M］．北京：旅游教育出版社，2007.
[54] 叶鸿．肯德基与中国快餐业．广州：广东旅游出版社，2005.
[55] 陈著．肯德基攻略．北京：企业管理出版社，2004.
[56] 刘国栋．肯德基在中国：天时、地利、人和．北京：机械工业出版社，2007.
[57] 陈烦岐．麦当劳与肯德基的全球两大快餐帝国的连锁餐饮秘诀．北京：中国经济出版社，2006.
[58] ［美］克罗克．三十年一亿倍：麦当劳教父雷·克罗克自传．陈寅，译．北京：中华工商联合出版社，2004.
[59] 叶素贞．麦当劳标准化管理手册．广州：广东经济出版社，2007.
[60] 安凡所．麦当劳 PK 肯德基．深圳：海天出版社，2007.
[61] 李延龙．麦当劳传奇．北京：中国铁道出版社，2007.
[62] 王晓渔．文化麦当劳．广州：广东经济出版社，2006.
[63] 张力．麦当劳标准化作业与管理细节．深圳：海天出版社，2008.
[64] 中国烹饪协会．中国餐饮 20 年文集．北京：中国轻工业出版社；2007.
[65] 余世维．赢在执行．中国社会科学出版社，2005.
[66] 商务部办公厅关于进一步做好餐饮业有关工作的通知．国家商务部．2008.
[67] 国家商务部．商务部关于加快发展大众化餐饮工作的意见．2007.

附文一

粮食流通产业的“济南模式”

“粮食流通产业改革与发展”课题组

进入新世纪以来，济南市粮食系统以保障粮食安全、保障民生需求和促进粮食流通产业发展为目标，勇于脱胎换骨改造国企，创新粮食经营微观主体；勇于摒弃传统粮食零售体制和机制，创新粮食零售网络；能于转变粮食发展方式，创新粮食产业化经营途径，将现代粮食流通产业推进到一个新水平，形成了粮食流通产业改革与发展的“济南模式”。

一、“济南模式”的创新内涵

（一）脱胎换骨改革国企，创新粮食购销微观主体

济南市通过兼并、联合、股份制改造等多种形式，完成了对102家国有粮食购销企业的改革或改制，新建粮食购销企业20家。经过行政转变职能、政企彻底分开、建立现代企业制度等一系列改革，使国有粮食企业获得新生，从行政“附属物”的地位转变为“自主决策、自主经营、自负盈亏、自我管理”的“四自”市场主体；机构精简，人员分流，从困扰粮食企业多年的“老人、老粮、老账”等“三老”的历史包袱中解脱出来，轻装前进走向未来。

（二）重构粮食零售行业，创新粮食零售网络

2006年以来，济南粮食系统龙头企业金德利快餐连锁公司以“人”为根本，以“效”为中心，以“文”为手段，多项措施并举谋求又好又快持续“兴企”，发展起覆盖全市的粮食主食品营销网络。目前，该公司已发展成为拥有1个配送公司和4个子公司、

1个加盟公司和150个连锁网点、4 500名员工的具有民族特色的快餐连锁企业，成为济南市民生活中不可缺少的“大厨房”。该公司通过改革经营、细分市场、关注民生和创新发展，不断丰富了企业的品牌内涵，提升了企业的品牌价值；也标志着济南市全面改造粮食零售结构，再造粮食零售业体系和网络，创新和开辟了“平战结合、面向市场、营养优质、方便快捷、环境整洁、服务优良”的城市主食快餐食品零售业的新型发展道路。

（三）转变粮食发展方式，创新粮食产业化经营途径

济南市粮食部门通过改革和改组、创新经营和资源配置方式，把原属粮食局的10家企业有机结合在一个产业化龙头企业中，创建了济南民天集团有限责任公司，开拓“产供销”一体的粮食产业化经营。民天公司全力“为耕者谋种，为食者造福”，把产业链延伸到粮食产区，把品牌和技术优势与产区的产品优势相结合，形成新的优势，建成7条加工生产线，把日加工小麦能力扩大到近2 000吨，从单一的面粉产业向面粉、食品、粮油附营三大主业纵深拓展，实现了产品向米、面、油、食品的全面发展，成为一个集面粉加工、粮食储存、食品生产、粮油贸易和进出口贸易为一体的大型国有粮食产业化经营企业，2008年被批准为“第四批农业产业化国家重点龙头企业”。

二、“济南模式”的核心体系

（一）建立健全粮食购销储备体系，确保粮食安全

在深化改革过程中，济南市粮食部门采取了5项措施，建立健全粮食购销储备体系：一是健全网络，覆盖全市。建立了以国有粮库为龙头、各县（市）区购销企业和骨干粮所为网点的粮食购销储备体系。二是进一步强化地方储备粮管理。按照“布局合理、规模适当、设施先进、管理规范、效益良好、调控得力”的总体思路，实施“退城进郊”措施，把原来位于市区的粮食储备设施所占的地

产置换到郊区，把老库改建为新库。三是增加储备品种。增加了面粉和食用油储备，结束了济南市没有食用油储备的历史。四是全面开展了地方储备粮规范化、精细化管理年活动。目前，已初步建立起以仓储企业为基础、县区粮食局为分支、市粮食局为中心涵盖地方储备粮出入库、储存、质量、财务、统计等各个环节的信息化管理系统。五是切实加强制度建设。近年来，先后制定了《济南市粮食局地方储备粮业务管理实施细则》、《济南市粮食局关于建立地方储备粮规范化管理长效机制的意见》等规章制度，使地方储备粮管理逐步走上规范化、制度化轨道。济南市不断建立健全起来的粮食购销储备体系，为认真落实最低保护价收购政策、加强国有粮食购销企业主渠道地位、最大限度地掌握粮源、夯实粮食安全的基础发挥了重要作用。

（二）建立健全粮油供应体系，充分满足民生多元化需求

为适应市场经济和居民消费方式变化的需求，济南粮食部门勇于探索、创新，改造和重构粮油供应体系，按照现代企业制度的要求，组建了济南金德利快餐连锁集团公司，不仅实现了济南市快餐网点的全面覆盖，也在山东日照、淄博、聊城、德州、临沂等地配设中心厨房。

（三）建立健全粮食加工体系，推进粮食产业化经营

2006年，济南市粮食局以建立济南民天集团为契机，创新产业体制，转换经营机制，实现了粮油加工规模化和产业化。民天集团积极开展为农服务，延伸产业链条，发展粮食产业化经营，采取“农业订单”形式大力发展粮食订单生产、订单收购，既对农户生产发挥引导作用，又发挥把农户与大市场连接起来的桥梁作用。

（四）建立健全粮食质量检测体系，确保粮油质量安全

建立健全市、县（市）区、企业三级粮食质量检验检测体系，既涵盖粮食收购、储存、加工和运输等各个环节，又覆盖政策性粮食购销活动的全过程。2006年以来，先后投资近300余万元，加强

粮油质检站设施建设和检测设备购置，逐步开展粮食流通领域的粮油质量检测，使质检站的规模不断扩大，质检水平逐步提高，全面提升了粮食质量与卫生的检验能力，济南市粮油质检站被列入国家粮食局第一批挂牌示范单位。

（五）建立健全军粮供应体系，提高综合服务保障能力

济南粮食部门始终把保障军粮供应用为重点工作，采取了多项有力的措施。2007 年、2008 年，济南粮食军供站连续两年被评为“山东省规范化管理示范站”和“山东省十强军供站”，还先后被国家粮食局、财政部、解放军总后勤部评为“全国军粮供应管理先进单位”和“全国十佳军粮供应站”。

（六）建立健全粮食行政执法体系，规范社会粮食流通秩序

济南市粮食部门以贯彻落实《粮食流通管理条例》为契机，双管齐下健全完善了粮食行政执法体系和应急保障网络，切实承担起粮食市场准入和粮食市场调节、监管的职能，为全市 200 余家处粮油市场价格监测点，进一步健全完善了全市市场监测网络。修订完善了《济南市粮食局粮油安全应急预案》等 8 个应急预案。2008 年，全市粮食应急加工指定企业达到了 9 家，并与企业签订了《济南市粮食应急加工合作协议书》，目前已居全市形成了应急加工网络。2007 年、2008 年，济南市粮食局连续两年荣获“全国粮食流通监督检查工作先进单位”荣誉称号。

（七）建立健全粮食市场体系，确保粮食高效有序流通

济南市粮食系统在深粮食流通体制改革中，吸取农村和农业“家庭经营、联产承包”改革的经验，探索建立“以连锁店为基础、以配送中心为纽带、以市场化营销为基础手段”的连锁经营网络，走“联合制胜”的道路，形成了统一开放、竞争有序的粮食市场体系。据初步统计，全市粮食供应网点已达到 400 余家，形成了覆盖城市和县（区）的粮食及制品的供应网络。粮食批发市场得到进一步发展，形成了由粮食专业批发市场、农贸市场和县区集贸市场组成的多层次、区域化市场体系，促进了社会粮食的有序流通，为农民售粮、粮食经营商户采购交易和储备轮换搭建了平台。现代粮食物流业也发展较快。2008年末，全市粮食物流及其相关企业、个体工商户达到6.1万家，年营业收入1 350亿元，比上年增长20%。目前，以从事粮食仓储、加工、供应的国有粮食企业为主的粮食企业，已成为济南市粮食物流的主体，发挥着重要的辐射带动作用。

（八）建立健全社会粮食统计体系，为科学决策提供依据

2006年，济南市粮食局设置粮食统计机构，配备高素质的统计人员，并建立健全了市、县（市、区）、企业三级粮食统计信息管理体系。与此同时，加强了对社会粮食统计工作的监督检查，及时掌握相关粮食企业或粮商的购销信息资料；加强对粮食经营者的台账、统计报表的专项监督检查。通过监督检查，粮食行政部门及时掌握全社会粮食经营者经营状况。

三、“济南模式”的启示

（一）保民生、保安全是粮食流通产业的优先战略目标

保民生、保安全集中体现“以人为本”科学发展观的内涵。经过30年的改革开放，民众的生活质量不断改善。为适应民众膳食消费结构转变的新趋势，济南市粮食局对保民生赋予了新涵义，在全国率先明确把“科学膳食”的概念引入粮食工作和民众生活中，确立了“科学膳食，健康身体”的经营理念；强化“办好大众厨房，让顾客吃出健康”的社会责任。同时，提出“盯住盘中餐，服务三顿饭”，积极实施“放心早餐工程”和“居民厨房工程”，向广大消费者提供“制售方便，食用便利，质量达标，营养均衡，服务简便，经济实惠”的丰富多彩的主食快餐食品。

（二）兴创业、开新业是粮食流通产业扩大就业的广阔路径

改革开放之初，城市零售粮食企业被推向市场之后，发生了

"卖粮人遭遇到没饭吃"的难题。面对大批粮店陷入生存危机和沉重的"三老"（老人、老粮、老账）包袱的压力，济南市粮食部门没有采取其他地方普遍采用的出售粮店、导致大批职工下岗的做法，而是对在传统计划经济体制下形成的城市粮食零售网络进行脱胎换骨的改革，再造适应市场经济和消费者需求的新型城市粮食零售网络。这些经营网点的兴起，不仅使原有粮食职工无下岗之虞，而且还增加了2 000多个新就业岗位，吸纳了一批社会劳动力，为建设和谐社会作出了贡献。

（三）强创新、拓新路是粮食流通产业发展的强大动力

2006年，济南市粮食局研究确定了粮库建设总体思路："整合资源、退城近郊，异地改造、逐步建立布局合理、规模适当、设施先进、管理规范、效益良好、调控得力的地方储备粮管理新格局"；制定了地方储备粮库建设计划，整合现有市直粮库土地资源，在3～5年的时间内，在市区建设总规模35万吨的3个大型现代化粮食储备库。此外。济南市粮食部门还采取一系列措施，改善和增强市场应急能力。

（四）创市场、强监管是粮食流通产业走向成功的关键

济南市国有粮食企业勇于面向大市场，开拓新市场；积极转换老机制，形成新机制，发挥出"市场主渠道作用"探索建立国有粮食企业的现代企业制度，以产权改革为关键，已转换机制为中心，以连锁制或产业化经营为企业形式，开辟粮食企业发展的新路径。在粮食购销和市场经营中，积极履行对全社会粮食经营管理的职能，严格执行粮食市场准入和退出制度，加强对已经取得粮食收购资格经营者的服务和监管，建立粮食经营者诚信档案制度，实现分级管理。探索和加强对粮食经纪人的培育、服务和管理，切实维护粮食购销市场健康发展，把粮食购销市场化提高到更加成熟的水平上。企业则通过健全制度和标准进行监管，实现监管制度化、标准化、统一化和规范化。

（五）重诚信、优服务是粮食流通产业不竭活力的源泉

在积极建设企业文化过程中，济南市国有粮食企业把“诚信”和“服务”奉为“治业之道”，持之以恒打造“诚信”品牌，千方百计拓宽“服务”途径。民天集团从“以人为本”的职工队伍建设，到“以民为天、服务为本”的市场营销理念，无不渗透着企业对社会、消费者、客户的高度责任感，形成了独具企业特色的“民天精神”，展现了良好的企业形象和朝气蓬勃的精神风貌。这种形象和精神，正是企业活力与动力的源泉。

附文二

济南市巩固粮食流通体制改革成果 加快“八个体系”建设

济南市粮食局 李会宝

济南市粮食部门立足创新，不断探索，从强化宏观调控、市场监管、政策指导和协调服务入手，努力构建粮食储备、执法、供应、加工、质检、军供、市场、统计等八个体系，收到了良好成效。

一、济南市粮食流通体制改革成果

济南市粮食局下属有军粮供应中心和粮油质量检测站 2 个事业单位，金德利集团、民天集团和四个粮库 6 家企业。业务上指导 6 个县（市）区粮食局。全系统从业人员 7 300 余人，资产总额 22.26 亿元。近年来，特别是 2005 年以来，济南市粮食系统积极深化粮食流通体制改革，全面推进粮食产业化发展进程，不断完善“八个体系”，确保了粮食安全。

1. 国有粮食企业改革取得突破性进展。国有粮食购销企业改革顺利完成。全市累计筹集改革成本 4 030.3 万元用于职工身份置换，减员分流 4 807 人；34 829 万元政策性财务挂账全部剥离；通过兼并联合、股份改造等形式，对 102 家国有粮食购销企业进行了改革改制，重组粮食购销企业 20 家，企业布局和结构趋于合理。粮食附营企业改革顺利进行。通过出让、兼并、重组，将原来 20 余家市属附营企业，改为山东金德利集团快餐连锁有限责任公司和济南民天集团有限责任公司两家集团。通过改革，彻底解决了多年来悬而未决的老人、老粮、老账问题，增强了企业发展后劲，维护了干部职工的切身利益，确保了国有资产保值增值，增强了宏观调控能力和粮食安全保障能力。

2. 地方储备粮管理水平迈上新台阶。济南市粮食仓房容量不断增加，仓房设施和储粮条件得到进一步改善。近年来，济南市粮食局深入开展了地方储备粮规范化管理年活动和以“流程细、操作精，指标细、控制精”为主要内容的精细化管理年活动，全市储备粮管理水平进一步提高。切实加强制度建设。制定了《济南市粮食局地方储备粮业务管理实施细则》、《济南市粮食局关于建立地方储备粮规范化管理长效机制的意见》等规章制度，使全市地方储备粮管理逐步走向规范化、制度化轨道。

3. 城市快餐连锁经营迅猛发展。为了加快城市快餐经营规模化、连锁化和一体化进程，济南市粮食局经过资产重组，整合资源，组建成立了山东金德利快餐连锁集团公司。现拥有资产 2 亿多元，金德利网点 130 余家，职工 3 500 余人，年营业收入 2 亿多元。主要经营中式快餐，经营品种达 200 余种。近年来，随着金德利规模的不断扩大和品牌影响力的不断提升，金德利已经成为济南市和全国粮食系统快餐连锁企业第一品牌，先后荣获“全国绿色餐饮企业”、“中华餐饮名店”、“中国快餐连锁品牌企业”、“山东金牌快餐”，有 90 余款产品分别荣获“中华名小吃”、“中华名点”、“中国名菜”、“全国金牌套餐”、“济南十大名优（风味）小吃”等荣誉称号。2006 年，实现销售收入 2.2 亿元，并荣获“全球百佳中华儒商企业”和“中国快餐十佳品牌企业”。

4. 国有粮食附营企业走上健康发展之路。2006 年，济南市粮食局对 10 余家直属附营企业进行改革重组，成立了以济南民天面粉公司为龙头，集面粉加工、食用植物油和食品生产、饲料与化工产品及粮油机械、包装容器制造等为一体的济南民天集团有限公司。现拥有资产 4.36 亿元，2006 年完成工业总产值 2.91 亿元，实现销售收入 1.72 亿元。通过改革，济南市国有粮食附营企业真正理顺了体制，创新了机制，激发了员工积极性，逐步走上健康发展之路。

5. 粮食行政执法工作迈出坚实步伐。以《粮食流通管理条例》为契机，进一步健全执法体系。通过争取政府支持，挖掘内部潜力，整合优化资源，市粮食局组建了调控监督处，各县（市）区建立健全了一局一科一队一站一车“五个一”粮食执法工作网络。进一步完善粮食流通监督检查制度体系。制定了《济南市粮食流通监督检查人员行为规范》、《济南市粮食局关于粮食流通监督检查行政执法体系建设的实施意见》等一整套规章制度，进一步加快了执法配套制度建设。积极开展执法业务，加强市场监管，切实维护了正常流通秩序。

6. 县域粮食经济不断壮大。济南市县域粮食经济积极寻求面向农村、发展城乡一体化服务网络、在服务“三农”中求发展的路子，取得了一定成效。章丘市粮食局以开展为农服务和“放心粮油进农村”活动为切入点，大力发展县域粮食经济。一方面，深入开展了“两代一换”业务，在广大农村设立了 600 多个“放心粮油”经营网点和“两代一换”、粮食购销代办点，在方便农民群众的同时，延伸服务领域，在主动服务中，开辟了一条为农服务和粮食经济发展的新路子。章丘市粮食局的做法得到了国务院及各级政府的充分肯定，国务院总理温家宝对章丘市的做法作了重要批示：“章丘市粮食局的做法关键在于面向市场、转换机制、主动服务，这一点可供国有粮食企业改革参考”。2008 年 4 月中旬，全国放心粮油进农村工作会议在济南召开，会议组织参观了民天公司、金德利快餐连锁店、章丘市粮食局等单位，对济南粮食工作给予了充分肯定。

7. 粮食流通主渠道作用得到进一步发挥。全力抓好粮食购销工作，充分发挥主渠道作用。2006 年，全市粮食收购总量 4.53 亿千克，其中，国有粮食经营企业收购3.045亿千克，占67.2%。共销售粮食5.165亿千克，其中国有粮食经营企业销售3.37亿千克，占65.3%。从购、销、存情况看，国有粮食企业“市场主渠道”作用进一步发挥。特别是在夏粮托市收购工作中，严格执行国家政策，既保护了种粮农民利益，又最大限度地掌握了粮源。夏粮集中收购期间，共收购小麦1.82亿千克，同比增加0.285亿千克，其中托市收购0.94亿千克，商品粮收购0.88亿千克。针对2006年11月份粮价上涨的情况，积极采取应对措施，调整了地方储备粮轮出轮入的节奏，组织企业积极参与粮食竞拍活动，对平抑粮价，稳定市场发挥了积极作用。

二、加快“八个体系”建设

加快“八个体系”建设，是加强粮食宏观调控，保障粮食安全的需要，是转变粮食行政职能、依法管粮的需要，是加快粮食产业化发展，实现粮食经济又好又快发展的需要。济南市粮食系统将推进和加快“八个体系”建设。

1. 加快粮食购销储备体系建设，确保粮食安全。建立健全以国有粮库为龙头、各县（市）区购销企业和骨干粮所为网点的粮食购销储备体系，是确保粮食安全和政府宏观调控的重要保障。要认真落实最低保护价收购政策，切实掌握调控粮源。充分发挥国有粮食购销企业主渠道作用，合理布点，方便农民售粮，把最低收购价政策落到实处，最大限度地掌握粮源，夯实粮食安全的基础。进一步强化地方储备粮管理，积极推广应用储粮新技术，改善储粮设施，实现科学储粮和绿色环保储粮，管理水平达到省级示范库标准。加快地方储备粮库建设步伐，实施退城进郊战略，整合现有储备粮库资源，在济南东部和西部分别建设一处仓房标准高、设施配套全、管理手段先进的大型现代化地方储备粮库，总仓容达到3.5亿千克。切实搞好粮食仓储经营，在国家粮食政策允许的范围内，最大限度地搞活经营，提高经营效益。积极探索符合市场经济规律的储备粮轮换机制，把握好轮入轮出时机，提高对粮食市场的驾驭能力，努力实现储备粮保值增值，使储备粮轮换成为仓储企业经济效益新的增长点。强化购销企业管理，建立科学的激励约束机制，不断提高管理水平，不断壮大企业实力。

2. 加快粮食行政执法体系建设，规范社会粮食流通秩序。建立健全职责明确、行为规范、监督有效、保障有力的粮食行政执法工作体系，是落实粮食行政首长负责制，依法履行粮食行政职能的组织保障。进一步强化法制宣传，充分利用报刊、电视、广播电台、互联网等宣传媒介，结合“五五”普法，广泛深入开展《粮食流通管理条例》等粮食法律法规宣传活动，在全社会形成依法管粮的浓厚氛围。健全粮食执法体系，确保机构、编制、人员和经费“四落实”。严格按照《粮食流通管理条例》等有关法规、规章的要求深入开展执法工作，进一步加强收购资格审核和监督检查工作，建立正常的粮食流通监督检查机制，维护粮食流通秩序，确保城乡居民消费安全。

3. 加快粮油供应体系建设，进一步巩固城乡粮油供应主渠道。在城市，建立健全以金德利集团为龙头、金德利快餐连锁店为网点的城市粮油供应体系。要以“居民厨房工程”为依托，以减少和逐步替代家庭厨房劳动为己任，以方便群众，提高人民的生活质量为使命，为居民家庭、工薪阶层和流动人员提供快捷、卫生、营养的大众化餐饮，探索出一条中国特色的快餐连锁经营之路，丰富中国的餐饮文化。积极实施品牌战略，以创新品种，提高质量，统一管理，强化服务为重点，强化企业品牌建设；积极实施标准化战略，充分发挥配送中心和中心厨房的作用，不断提高产品、服务和网点建设的标准化水平，使产品生产逐步实现标准化、机械化、工厂化、规模化；积极实施产业化发展战略，拉长产业链，提高抗风险能力；积极实施可持续发展战略，构建以人为本的金德利特色企业文化，实现企业的可持续发展。力争3年内发展金德利连锁店总数达到300家，营业收入达到5亿元；5年内连锁店总数达到500家，营业收入突破10亿元；8年内建成全国性的快餐连锁企业，网点总数超过1 000家，收入超过20亿元。在县区，积极开展“放心粮油进农村”活动。深入开展“两代一换”业务，在广大农村设立“放心粮油”经营网点和“两代一换”、粮食购销代办点，在方便农民群众的同时，延伸服务领域，在主动服务中，开辟一条为农服务和粮食经济发展的新路子。

4. 加快粮食加工体系建设，推进粮食产业化经营。建立健全以民天集团为龙头的粮食加工生产体系，进一步提高市场调控能力。实施龙头带动战略，促进粮食加工业发展。结合粮食企业布局结构调整，通过产权制度改革和企业兼并重组，采取内涵改造、低成本扩张等办法，市区重点培育民天集团、金德利集团两大产业化龙头企业，采取有力措施，促进其加快膨胀和发展。各县（市）区至少培育一家产业化龙头企业，把当地资源优势转化为产业优势，把优势产业做大做强。积极延伸粮食产业化链条。向粮食生产领域延伸，努力改变过去“收原粮、卖原粮”的单一经营模式，根据市场发展需要，大力发展粮食订单生产、订单收购，积极培育粮食产业化龙头企业，推进粮食产业化发展。向粮食加工领域延伸，做大做强区域性龙头企业，运用高新技术和先进适用技术改造传统粮食产业，向“专、新、特、精”方向发展。加大科技投入，提高企业科技创新能力。针对济南市粮食行业发展现状，以济南市建设创新型城市相关优惠政策为依据，制定《关于推进创新型粮食企业的实施意见》，进一步提升粮食企业的技术创新能力和产业化经营水平。同时积极搞好产业园区建设，打造粮食产业集群。

5. 加快粮食质量检测体系建设，确保全市粮油质量安全。建立健全市、县（市）区、企业三级粮食质量检测体系，是确保粮油质量安全、维护广大消费者利益、保障广大人民生命健康的需要。

因此，要高度重视粮油质量检测体系建设，切实解决部分县区和企业质检体系不健全，机构、经费不落实，仪器设备缺口大，人员素质难以适应实际工作需要等问题。要认真贯彻落实《粮食流通管理条例》和国发［2006］16号文件精神，进一步做好粮食质量和原粮卫生监管工作。积极开展地方储备粮、军供粮油质量及原粮卫生的检查工作。同时，不断加强教育培训，全面提高质检队伍的整体素质和执业水平。

6. 加快军粮供应体系建设，提高综合服务保障能力。建立健全以济南军粮供应中心为主体、各县（市）区军粮供应站为补充的军粮供应保障体系，是关系部队生活稳定、提高部队战斗力的重要保证。要牢固树立“以兵为本，服务部队，服务基层”的观念。坚持“平战结合、突出战备；军民兼容、部队优先；主副并进、以副补主”的军供企业发展思路，科学管理，规范服务，深化改革，创新发展，为驻军官兵提供全方位服务。积极争创“五个一流”，即建设一流军供网点、打造一流军供队伍、确保一流产品、实行一流服务、实现一流管理，切实履行军供保障职责。实施“三大转变”，即变坐等部队“提粮”为送粮上门、变供应生粮为生熟兼供、变单一供应为全方位服务。深入开展拥军爱军活动，加强双拥工作机制建设。积极开展一系列为部队解难题、做实事为主要内容的“贴心拥军”活动。坚持开展上门服务、预约服务、承诺服务和重大节日走访慰问制度，帮助部队解决生活中实际困难，提高服务水平。

7. 加快粮食市场体系建设，确保全市粮食有序流通。健全完善以济南市粮食批发市场为依托，集粮食仓储、交易、加工、物流配送于一体的现代化、综合性的粮食批发市场体系，促进社会粮食的有序流通，为农民售粮、粮食经营业户采购交易和储备粮轮换搭建平台。

8. 加快社会粮食统计体系建设，为领导决策提供科学依据。粮食统计是国民经济统计的重要组成部分，是粮食购销市场化后国家掌握社会粮食供需、产销情况的重要渠道，是政府实施宏观调控、确保国家粮食安全的重要依据，是粮食部门的重要职能。要严格按照《粮食流通管理条例》和《山东省粮食流通统计制度》的要求，合理设置统计机构和配备高素质的统计人员，建立健全市、县（市）区、企业三级粮食统计信息管理体系。加强社会粮食统计工作监督检查，及时掌握统计体系内经营单位的主要情况。加强对粮食经营者粮食经营台账、统计报表的专项监督检查，及时掌握社会粮食经营者经营情况。加强统计员队伍建设，强化业务培训，提高整体素质，确保统计数据全面准确，为领导决策提供科学依据。

（本文原载于《中国粮食经济》2007 年第 10 期，总第 187 期）

附文三

加快产业发展　确保粮食安全

济南市粮食局　李会宝

近年来，全市粮食系统深入贯彻落实科学发展观，准确把握中央、省、市关于粮食改革发展的方针政策和重大决策，围绕确保实现粮食安全，积极应对百年不遇的世界金融危机，大力推进粮食流通产业发展，夯实基础，健全网络，强化队伍，取得了明显效果。

一、加大投入，夯实发展基础

通过高起点规划、高标准建设、高投入推进，相继启动并完成了一大批重点项目建设工程，夯实了粮食产业发展基础。一是“退城进郊”，整合资源，实施粮库迁建工程。整合现有粮库资源，扩大储备规模，加快推进粮库“退城进郊”。第二粮库、第三粮库、历城区储备库迁建工程相继开工，目前建设任务已基本完成。三个粮库累计投资 2 亿元，完成征地 36.4 公顷，新建仓容 3.25 亿千克，建成存储能力 4 000 吨的食用油储备库及附属设施。二是抓好技术改造，提升生产装备水平。近年来，全系统累计投入 7 500 万元，完成重大技术改造项目 6 项，其中，民天公司投入 3 000 余万元，对引进的制粉生产线进行了技术改造，单线产能由原来的日处理小麦 250 吨提高到 380 吨，按照国际食品安全认证体系要求，对食品车间进行了全新改造，并建成了以国际先进设备为主的检测化验中心和技术研发中心。章丘荣元公司投入 2 400 万元对原面粉厂实施了整体搬迁改造，添置了日处理小麦 250 吨的先进制粉设备。历城区金粮面粉公司投入 800 万元实施了等级粉生产线改造。新上十几家日加工能力 200 吨以上的民营粮食加工企业，丰富了粮食生产队伍。随着一批重点技术改造项目的竣工投产，粮食企业的实力不断增强，为粮食产业化发展奠定了基础。三是抓好快餐网点改造升级，壮大产业发展规模。金德利集团累计投入1 500万元，扩建了近 13 000 平方米的食品配送中心及 4 家中心厨房，快餐网点不断增多。

二、突出重点，培植壮大龙头企业

龙头企业是粮食产业化发展的关键。近年来，我们始终坚定不移地把发展壮大龙头企业作为粮食产业化发展的重要战略举措。一是通过改革重组，为龙头企业发展搭建新的平台。组建了山东金德利集团公司，改革重组了济南民天集团公司。通过改革，在体制上理顺了金德利、民天两大集团的产权关系，为金德利、民天作为龙头企业的发展创造了有利条件，搭建了发展的平台。二是实施品牌战略，不断提升龙头企业的市场竞争力。“金德利”、“民天”是济南市国有粮食企业培育出的两大品牌，为更好地发挥两大品牌的效应，我们把争创名牌企业作为实施品牌再造的总抓手，实现由名牌产品到名牌企业的根本转变，把创牌与创效结合起来，坚持从行业实际出发，以市场需求为导向，以科技进步为支撑，以培育名牌产品为突破口，大力实施名牌战略，取得了良好成效。民天公司先后获得“山东省名牌”、“山东省著名商标”、“中国名牌”、“农业产业化国家重点龙头企业”、“山东省专用粉及制品工程技术研究中心”等含金量较高的称号。金德利集团坚定不移地走品牌扩张战略，居民厨房工程越做越大，先后荣获“全国十佳品牌快餐企业”、“中国餐饮百强企业”、“中国中式快餐连锁最具品牌影响力企业”和“全省服务业重点企业”荣誉称号。金德利已由市内向周边县（市）区延伸辐射、并进入省内许多地市，金德利品牌正在由地域品牌向全国品牌发展。

三、龙头带动，加快推进优化升级

实施“龙头＋基地＋农户”和“龙头＋中介组织＋农户”的粮食产业化经营方式，有效增强了龙头企业的实力与竞争力，促进了农业生产结构调整和农业增效、农民增收。依托民天、金德利两大品牌，大力推进粮食产业化经营，优化产业结构，拓展经营范围，延长产业链条，通过建立订单粮食、蔬菜生产基地，向上游延伸发展订单粮食收购，向下游延伸发展食品生产和快餐经营，实现了从农田到餐桌的一体化经营，不仅发展壮大了粮食企业实力，而且带动了农业生产和农民增收。目前，济南市粮食系统实现订单农业种植 6.67 万公顷，地域涉及省内及周边省市，订单收购粮食 38 万吨以上。在济阳县建立了蔬菜生产基地，大力发展订单蔬菜。肉类及其他商品通过招投标方式，与厂商签订长期供货合同，畅通了购销渠道。金德利网点每年需求蔬菜 5 000 余吨、肉类 1 500 余吨、蛋类 1 000 余吨、牛奶 150 余万袋，基本实现了订单采购和招标采购，每年可为农民增收 5 000 余万元。

四、发挥优势，打造一体化发展新格局

整合粮食购销储备、粮食加工、粮油供应（包括军供中心）三方面资源，构建起一条完整的收购、加工、销售粮食产业链，同时又各自独立衍生出多条次级产业链。为充分发挥好粮食系统固有的优势，我们组织相关企业召开了“品牌发展与产业化经营发展战略研讨会”，进一步明确了加快粮食产业化发展的目标、任务和措施。收储企业的原粮优先轮换给系统内的加工企业，金德利、军供等供应企业优先使用系统内加工企业的产品，按照市场经济的要求，在系统内最大限度地整合资源，发挥优势，实现共赢。

（本文原载于《济南通讯》2009 年第 8 期，总第 115 期）

附文四

浅谈金德利快餐店店面精细化管理

山东金德利集团　于　峰

金德利快餐作为政府“居民厨房工程”和“放心早餐工程”的指定生产单位，它的店面管理既有一般企业管理的共性，又具备其行业管理的个性，它包括产品质量管理、食品安全管理、服务质量管理、员工队伍管理、市场营销管理、经营效益管理等诸多方面，并贯穿于快餐店生产经营的全过程。金德利快餐经过近二十年的发展，已跻身于“中国十佳快餐品牌”企业，在各项管理制度上趋于完善，其管理也有独到之处。但是，从目前来看，金德利快餐店店面管理仍是粗放式管理模式，主要表现在制度的执行上还有一些欠缺、在细节管理上做得还不够精细。下面就全过程、全方位加强金德利快餐店店面精细化管理谈几点粗浅的看法。

一、精益求精——产品质量的精细化管理

“质量是企业的生命，没有过硬的产品质量，企业生存的基础无从谈起，今天的产品质量决定企业明天的市场。”精细化质量管理要求：实施全面质量管理、实施全员质量管理、实行质量一票否决制、建立与质量挂钩的奖惩制度。金德利快餐店的产品主要是食品、菜品、粥类，这些产品从原材料配制到生产过程，公司都相继出台了一系列的标准，实施全面质量管理，就是要求在整个生产过程中的各个环节按照标准进行投料生产，规范生产程序，严格执行标准，确保产品质量；实施全员质量管理，就是在快餐店中人人都是质量把关员、检验员，不仅仅严把上道工序的质量关，还要严把

自己这道工序的质量关，生产合格的快餐食品是每一位员工职责，每位员工都在各自的职责范围内有相应的质量责任；实行质量一票否决制，就是不论在产品的哪一个环节出现了不合格的产品，都要杜绝流入下一个环节，对不合格的产品分析原因、进行整改，特别是金德利快餐店是一个餐饮服务行业，在消费者中有较高的信誉和知名度，单店的产品质量的好坏会直接影响整个金德利集团各连锁店在社会上的信誉，实行质量一票否决制在金德利快餐店的质量管理中尤为重要；建立与质量挂钩的奖惩制度，就是对产生质量问题的人员和行为分清责任后予以处罚，责任明确，奖罚分明，这一点目前在快餐店产品质量管理中较为广泛。金德利快餐店在产品生产过程中只有做到精益求精，实行产品质量精细化管理，确保产品质量，才能实现“建百年老店”和实现“创一流品牌”的奋斗目标。

二、营养卫生——食品安全的精细化管理

为消费者提供营养卫生的快餐食品、保证就餐者平衡膳食、确保食品安全是金德利快餐店的宗旨。确保食品安全更为重要，各级政府历来对食品安全问题极其重视，特别是“苏丹红”和“三鹿奶粉”事件为我们食品生产行业敲响了警钟。目前，金德利快餐店使用的原料均由配送公司和中心厨房统一采购、配送，采购环节实行供货商评估制度和索证制度，确保了生产原料的食用安全性，各快餐店所要做的是在生产环节确保食品安全，为消费者提供营养卫生的食品。首先是向消费者提供安全放心的食品，“国以民为本、民以食为天、食以洁为安”是我们金德利的经营理念，所以快餐店在对食品生产场地、生产人员管理方面严格遵守食品卫生法，生产人员持健康证上岗，生产场地按照全面质量管理中提出的5S管理（即整理、整顿、清扫、清洁、素养）的要求，保证店面的卫生清洁，在生产过程中，充分发挥职工的积极性，将食品质量安全落实

到每个环节、每道工序、确保食品安全。在确保食品安全的前提下，向消费者广泛宣传膳食平衡的重要性，生产销售、并积极向顾客推荐营养搭配合理的食品，保证消费者的饮食健康。目前，我们集团正在申报ISO22000食品安全质量管理体系认证，ISO22000食品安全质量管理体系标准更细，体系认证通过后，将是济南市首家通过该体系认证的单位，我们金德利快餐食品安全工作也将上一个新台阶。

三、力求满意——服务质量的精细化管理

"为顾客提供尽善尽美的服务，是市场经济中每一个成功企业的信条"，目前市场是以顾客为导向的买方市场，顾客对产品质量和服务质量的要求越来越高，在产品质量相差无几的条件下，服务质量更为重要，服务质量直接关系到企业的经营与发展，在服务细节中追求完美，把服务落到实处、落到细处、是企业在经营中胜出的关键，我们金德利快餐店也不例外。在服务质量的精细化管理中必须做到：第一，要有严格的服务标准，金德利集团制定了一系列服务标准，具体到单店服务管理中，在严格执行集团服务标准的同时，还要学习同类行业、竞争对手在服务方面好的做法，了解顾客所需提供服务的内容，制定出更精细化的服务规范；第二，培养员工的服务意识，这就要求我们经常性地对员工进行职业道德和服务意识方面的培训，让每一名员工都站在消费者的立场上，进行换位思考，认真考虑消费者所需要提供什么样的服务；第三，服务礼仪培训制度化、经常化，目前，我们金德利快餐店每天坚持利用晨会对员工进行服务礼仪、礼貌用语培训，已形成制度化；第四，服务上先行一步，这个"先行一步"不仅指领先于同类行业和竞争对手，更重要的是"想顾客之所想"，事事都想到顾客前面，在任何细节服务方面都不能出任何细微的纰漏，这样比出现了服务质量问题再去向顾客道歉更为有效；第五，店面卫生清洁，坚持每日清

扫，保持窗明几净，为顾客提供一个良好的就餐环境。

四、以人为本——员工队伍的精细化管理

任何企业的发展都靠的是人，靠的是有一支稳定的员工队伍，金德利近二十年的发展说明了有一支团结奋进的员工队伍是企业发展的基础。如何才能在对员工队伍管理方面做到精细化？第一，加强对员工的培训。当前社会正处在这个快速发展变化的时代，“企业核心竞争力的形成与发展源于学习力的提升，学习力是企业生命力之根、竞争力之本、创造力之源”。“特别是随着社会发展速度越来越快，员工在实际工作中所需要的操作技能和管理知识更新速度也在加快，所以培训已成为提高员工工作效率、促进企业发展的必要手段和有效途径”。金德利快餐店员工每年都要参加公司组织的夏季和冬季运营知识培训，另外，快餐店还采取师带徒、开展技术比武等方式，不断提高员工的技术水平，同时，还注意培养员工的精细意识，培养员工从工作中的点点滴滴做起，从工作的每一个细节中提高。第二，信任员工、尊重员工。作为一名管理者要真正关心员工，不单是关心员工的现状更要关心员工的前途，也就是说要在生活上关心员工、在待遇上做到公平、在发展前途上为员工提供条件，只有爱护、信任、尊重员工，员工才会信任你、尊重你。现在比较注重情感管理，就是提倡关爱员工，一个关爱员工的企业必将使员工的满意率上升，更加忠诚于企业。第三，以人为本，激发员工的潜能。古人云“凡举大事者，必以人为本”，胡锦涛总书记在党的十七大报告中也提出“以人为本”的科学发展观，在新的经济时代，企业对员工的管理不仅仅是关心人、激励人的积极性，而是开发人的潜在能力，让员工运用自己的潜能全身心地投入到工作中，并非用制度迫使人勤奋工作，这也是我们金德利快餐店多年来所提倡的。实践证明，以人为本的细节管理，大大提高了员工的创造力，许多优秀员工走上了管理岗位。

五、精耕细作——市场营销的精细化管理

餐饮营销是餐饮经营者为使顾客满意，为实现餐饮经营目标而展开的一系列有计划，有组织的活动，而不是仅指推销或广告宣传。金德利快餐店作为餐饮行业，在市场定位和营销环境确定的情况下，应采取以下营销方式：第一，精细化的产品是餐饮营销的基础，要使顾客满意并非只靠优惠的价格来赢得，重要的是在产品生产中精益求精，产品质量好，使顾客在消费后认为在这里用餐物有所值，更愿意接受我们的产品，并会主动为我们做宣传，从而达到我们销售的目的，这是精细化餐饮营销管理中最重要的一点。第二，精细化的服务质量是餐饮营销的核心，服务质量的优劣直接影响到我们金德利的声誉、客源和经济效益，服务质量是我们的生命线，在产品营销过程中，我们要利用金德利的品牌影响力，还要维护这一品牌影响力，以优质的服务、主动热情地向顾客解说我们的产品特点，推荐我们的新产品和特色产品，这样既推销了我们的服务，也推销了我们的产品，在餐饮营销管理中起到较好的作用。第三，以广告宣传的营销手段为补充，我们快餐店可以利用销售人员的口头宣传、店内悬挂宣传图片文字资料，向附近消费群众发放宣传资料等广告形式，宣传我们的产品及服务，以争取更多的顾客群。总之，在营销过程中，我们只有做到在细节问题上精耕细作，实行精细化管理，才能实现促进销售、提高效益的最终目的。

六、成本控制——经营效益的精细化管理

“我国历来提倡开源节流，崇俭黜奢，双增双节是我国企业管理中多年来所提倡的。精细化管理对企业最大的贡献在于成本控制，一个实行管理精细化的企业，一般都能够把成本控制到最优，因为管理的精细化能够优化流程、提高品质、降低不必要的损耗，

把可以省的钱省下来，将每一分钱都用到该花的地方”。成本控制在金德利的店面管理中同样重要，虽然金德利店面使用的原材料由中心厨房统一采购、配送，各快餐店可以不考虑采购、储存成本，但店面要实现经营效益管理的精细化，还应从生产、用工、销售等方面进行成本控制：①生产成本的控制，首先要实行产品的标准化，按照投料标准，规范生产程序，确保生产出标准化的产品、无次品，才能实现成本控制的目标化；其次要实行对能源成本的控制，控制生产中使用的水、电、煤气等能源，做到合理使用，达到节约能源的效果，才能对能源费用开支真正进行控制。②用工成本的控制，在用工管理中，制定出各岗位的职责，合理安排人员，进行技能培训，建立奖惩激励约束机制，充分调动员工的工作积极性，倡导建立融洽的员工关系，保证各个环节配合的协调性，促进工作效率的提高，工作效率提高了，用工成本相对能够得到控制。③销售成本的控制，在我们金德利快餐销售中，要从节约一个方便袋、一双方便筷、一个快餐盒入手，控制销售成本。成本控制实际上就是我们在工作的各个环节、各个细节中开展的“双增双节”，只有做到了增产节约、增收节支，才能使成本得到有效的控制，从而促进经营效益的提高。另外，安全生产的精细化管理，也是经营效益提高的一个有效方法，只有在安全生产工作中做细，做到预防为主，避免各类安全事故的发生，才能保证成本的控制和效益的提高。

在金德利快餐店店面精细化管理中，既要重视其管理的规范性，还要重视其管理的创新性，“规范性是‘精细’的表现形式，‘精细’是创新的方向和动力，只有通过‘精细’的境界把规范性和创新性很好的结合起来”，才能实现金德利“建百年老店”、“创一流品牌”的奋斗目标。

◆参考文献

[1] 范爱民. 精细化管理. 北京：中国纺织出版社，2005.
[2] 曾郁娟. 餐馆赢在细节. 北京：中国物质出版社，2007.
[3] 赵林度. 零售企业食品供应链管理. 北京：中国轻工业出版社，2005.

图书在版编目（CIP）数据

金德利发展战略研究/李会宝著. —北京：中国农业出版社，2010.3
ISBN 978-7-109-14389-0

Ⅰ.金… Ⅱ.李… Ⅲ.饮食业-企业管理-经验-济南市 Ⅳ.F719.3

中国版本图书馆 CIP 数据核字（2010）第 025185 号

中国农业出版社出版
（北京市朝阳区农展馆北路 2 号）
（邮政编码 100125）
责任编辑 姚 红

北京三木印刷有限公司印刷 新华书店北京发行所发行
2010 年 3 月第 1 版 2010 年 3 月北京第 1 次印刷

开本：720mm×960mm 1/16 印张：12 插页：8
字数：220 千字 印数：1～2 500 册
定价：25.00 元